Nicole Bröhan
Fürst Pückler

Nicole Bröhan

Fürst Pückler

Eine Biographie

Jaron Verlag

Abbildungen
Stiftung Fürst-Pückler-Museum Park und Schloss Branitz:
S. 198 (Schloss Nordseite! Fürstenzimmer, um 1890,
Foto: Carl Metzner)
Stiftung Preußische Schlösser und Gärten Berlin-Brandenburg:
S. 2 (Foto: Wolfgang Pfauder)
Alle weiteren Abbildungen: Wikimedia Commons

Originalausgabe
1. Auflage 2018

www.jaron-verlag.de
Umschlaggestaltung: Bauer+Möhring, Berlin,
unter Verwendung einer kolorierten Lithographie
von akg-images (»Fürst Pükler-Muskau [sic!] als
Reisender in Afrika«, 1835)
Satz und Layout: Pinkuin Satz und Datentechnik, Berlin
Lithographie: Jaron Verlag GmbH, Berlin
Druck und Bindung: CPI books GmbH, Leck

ISBN 978-3-89773-850-8

Inhalt

Vorweg

Als Hermann von Pücklers blutjunge, erst 15-jährige Mutter, ein Jahr zuvor selbst noch verhätschelte Tochter aus gutem Hause, ermattet im Wochenbett liegt, stellt sich vermutlich eher Erleichterung über die Pflichterfüllung ein als das Gefühl fürsorglicher Mutterliebe. Der Wunsch, den Säugling zu hegen und zu pflegen, zu liebkosen und dem heranwachsenden Kind eine liebevolle Mutter zu sein, kommt ihr nicht in den Sinn. Eine innige Mutter-Kind-Bindung bleibt aus. Der Vater spielt keine kompensierende Rolle. Lieber beschäftigt der aristokratische Haushalt, wie es damals üblich war, Ammen, Hausangestellte und – einige Jahre später – häufig wechselnde Erzieher.

Heute würde man eine frühkindliche Bindungsstörung dafür verantwortlich machen, dass der spätere Fürst voller Energie und Tatendrang steckt, Genuss- und Lebensfreude verströmt, gleichzeitig aber als rastloser, getriebener »Melancholicus« durch das Leben geht, stets auf Anerkennung bedacht. Doch gerade diese widersprüchliche Persönlichkeit, faszinierend und irritierend, voller Ausstrahlung und Originalität, gleichwohl behaftet mit Bindungsängsten, Geltungsdrang und narzisstischen Anwandlungen, macht das bis heute ungebrochene Interesse an seiner Person aus. Der »Erdbändiger« ist schwer zu fassen, mondäne Selbstinszenierungen und unersättliche Sinnlichkeit verschleiern das wahre Wesen des sensiblen Lebenskünstlers.

Ein liebloser Start ins Leben

Traurige Kindheit, rebellische Jugend

Hermann Ludwig Heinrich Graf von Pückler erblickt am 30. Oktober 1785 kurz vor Mitternacht in der Oberlausitz das Licht der Welt. Ob auf Schloss Muskau tatsächlich Freude herrscht an diesem Sonntag, wie manche Quellen behaupten, ist aus heutiger Sicht zweifelhaft. Die bildhübsche, fröhliche Mutter wurde im Alter von 14 Jahren verheiratet, mit 15 Jahren Mutter und ist 16 Jahre jünger als ihr Gatte, dem nicht gerade schmeichelhafte Eigenschaften nachgesagt werden: Geizig, gebieterisch, gelegentlich auch verschwenderisch und mürrisch soll Ludwig Carl Johann Erdmann von Pückler aufgetreten sein. Der wie eine Geschäftsallianz von den hochadeligen Vätern ausgehandelte Ehebund, der 1784 zwischen Fürst Pücklers Eltern geschlossen wurde, entwickelt sich von Anfang an unglücklich. Die Eheleute verstehen sich nicht. Es ist, als wäre »ein Hamster mit einer Hummel zusammengekommen« (Clausen, 1981). Zu unterschiedlich in Charakter und Neigungen, sollte ihnen keine harmonische Liebesbeziehung glücken, ja nicht einmal eine einvernehmliche pragmatische Zweckehe. Eheprobleme, mangelnde Empathie und fehlende Zuwendung der Eltern bescheren den sich einstellenden Kindern einen lieblosen Start ins Leben. Die Geburt weder von Hermann noch die des Bruders Karl, der im zarten Alter von zwei Jahren stirbt, oder die der Töchter Clementine, Bianca und Agnes bewirken eine befriedigende Annäherung der Eheleute. Wenig verwunderlich, dass die verwöhnte, leichtlebige junge Frau nach 15 Jahren voller zänkischem Zusammenleben mit dem düsteren Haustyrannen aufbegehrt und in die Arme eines anderen flieht. 1799 erfolgt die Scheidung.

Clementine Kunigunde Charlotte Olympia Louise ist eine geborene Callenberg, Halbfranzösin aus dem Geschlecht der La Tour du Pin und Erbtochter des Standesherrn von Muskau, deren Familie Naturwissenschaftler und Künstler hervorgebracht hat. Charaktereigenschaften wie Leidenschaftlichkeit, Frohsinn und chronisches Reisefieber wird ihnen nachgesagt. Die unbeliebten Pücklers hingegen, deren Ahnengalerie bis zum Markgrafen der Nibelungen, Rüdiger von Bechelaren, zurückreichen soll, gelten als bodenständig, derb und rücksichtslos. Der Familie entspringen Staatsbedienstete, Kammerherren und sogar zwei Landschaftsdirektoren. Auch der eine oder andere Schürzenjäger soll sich unter den Vorfahren befunden haben – ein interessanter Hinweis, der insbesondere mit Blick auf Hermanns späteres, angeblich lebhaftes Liebesleben aufhorchen lässt. Sollte es etwa eine genetische Disposition für einen »Casanova-Trieb« geben?

Die ewig streitenden Eltern und das Desinteresse an seiner Person bescheren dem lebhaften, phantasiebegabten »Sonntagskind« keine glückliche Kindheit in der Muskauer Heide. Der Vater kann mit dem schlanken, braunhaarigen und blauäugigen Jungen »mit den schneeweißen Perlzähnen« wenig anfangen, die Mutter ist noch zu jung, um Verantwortung zu übernehmen.

Mal liebkost sie das Kind wie eine Puppe, dann schlägt sie es grundlos. Gefühle und Befindlichkeiten von Kindern sind in dieser Welt nicht viel wert. Dem Beispiel der Mutter eifern auch die rohen, egoistischen Dienstboten nach, wie der 16-jährige Pückler in einem Brief schreibt. Hauslehrer von unterschiedlichem Niveau sind für die Erziehung zuständig. Begeisterte sich der Knabe für einen ersten Erzieher namens Andreas Tamm, dem Pückler zeitlebens gewogen bleibt, kann er mit dessen Nachfolger nicht viel anfangen und bezichtigt ihn der »niederträchtigen Gesinnung«. Seiner Meinung nach hat dieser eher die Verführung der Mutter im Kopf (die allerdings Standhaftigkeit beweist), als den Knaben zu unterrichten und zu lenken.

Liebe und Aufmerksamkeit sind in den ersten Lebensjahren des hübschen Kindes ein rares Gut. Immer wieder schleicht Hermann sich heimlich zur alten Amme seiner Mutter ins Dorf, um ein paar Streicheleinheiten zu erhalten, oder geht zum geliebten Großvater Callenberg, zu dem er ein inniges Verhältnis pflegt, bis dessen Tod im stolzen Alter von 96 Jahren beim Siebenjährigen eine schmerzhafte Lücke hinterlässt.

Im Alter von sieben Jahren wird der Sohn von den Eltern zur Erziehung aus dem Haus gegeben. Standesgemäß fällt die Wahl auf die beste Erziehungsanstalt weit und breit, die pietistische Internatsschule der Herrnhuter Brüdergemeinde in Uhyst. Das liebebedürftige, orientierungslose Kind verbringt vier Jahre an der frommen »Heuchelanstalt«, wie er später das Institut nennt. Hier liegt die Wiege für seine ausgeprägten Vorurteile gegenüber der Kirche, denn sein Leben lang werden ihn religiöse Zweifel plagen. Seine latente

Abneigung gegen den Protestantismus mündet erst im fortgeschrittenen Alter in Sympathie für die katholische Kirche.

Seinem lebhaften Geist und seinem Temperament entspricht das Internat nicht. Phasen, in denen er in inniger Verehrung Jesu Christi versinkt, wechseln sich mit profaner Begeisterung für die Gärtnerei und mit seiner ersten Liebe ab. Er sei »sehr früh gereift und was man verführt nennt«, schreibt er Jahrzehnte später in einem Brief an seine Vertraute Ada von Treskow. Im zarten Alter von nicht ganz zehn Jahren entbrennt er in Liebe zu seiner kleinen Cousine Natalie von Kielmannsegge, die im Mädchentrakt derselben Erziehungsanstalt lebt. »Sterblich« verliebt, wie er später in seiner Biographie schreibt, empfindet er schon beim Streifen ihres Seidenkleides einen seltsamen Schauder, der in erotischen Begegnungen mit seiner nicht mehr unschuldigen Cousine an allen möglichen wunderlichen Orten gipfelt. »Wie zwei Mädchen, genossen wir gewissermaßen in aller Unschuld, wenigstens ohne Gewissensskrupel und mit Enthusiasmus Liebe und Wollust unersättlich, wie unbefangene Naturkinder, fast ein ganzes Jahr lang ...«, berichtet er der Freundin Ada.

Bei dieser Darstellung eines intensiven Liebesempfindens des zehnjährigen Knaben ist Skepsis geboten. Denn ob er in diesen frühen Jahren physisch zu erotischen Capricen in der Lage war und ob es sich wirklich so zugetragen hat wie berichtet, bleibt fraglich. Wenn es denn so wäre, markiert diese Episode den Start in Pücklers turbulentes Liebesleben, in dem der charmante Herzensbrecher mehr Liebschaften gehabt haben soll als Don Juan und Casanova zusammen. »Nur ein Schmerz trübte unser Glück«, fährt der 75-Jährige in seinem Brief an die Vertraute fort, »der des Abschieds. Als man mich in eine andere Anstalt, das ›Pädagogium‹ zu Halle, versetzte, wo andere Aventüren mich erwarteten, denn mein Leben ist sehr reich an solchen geblieben.«

Erneut muss er den Wohnort wechseln, keine Bindung wird für den jungen Grafen von Dauer sein. Auf der berühmten Pietistenschule in Halle, wo die Kinder reicher Familien einen weltmännischen Schliff erhalten sollen und standesgemäße Freundschaften knüpfen, erlebt Pückler weitere Schattenseiten des Lebens. Obwohl die Anstalt als liberal und aufgeschlossen gilt, da sie neben den klassischen Fächern die neueren Sprachen, das Tanzen, das Reiten, die Musik und handwerkliche Fähigkeiten unterrichtet, läuft nicht alles rund. Die Lehrer empfinden Pückler als »nicht zu bändigen«, denn er ist jetzt in einem aufmüpfigen Alter. Direktor Niemeyer verurteilt ihn als »bösen Buben«. Auf sein Anraten hin wechselt der junge Mann erneut die Lehranstalt, die Wahl fällt auf die Stadtschule in Dessau. Da es sich bei dem Philanthropinum um kein Internat handelt und Pückler noch minderjährig ist, wird ihm ein lästiger Aufpasser zur Seite gestellt, dessen Bevormundung er schnell auszuschalten lernt. Entgegen den Befürchtungen seiner Eltern und zu ihrer großen Erleichterung schafft er das Schuljahr mit Ach und Krach. Die von Pückler in Bausch und Bogen verdammten Hoflehrer, Geistlichen, Schulpauker und Professoren können nicht ganz schlecht gewesen sein, denn »schon in seiner Jugendzeit verfügte Pückler über einen auffällig souveränen Schreibstil, solide Französischkenntnisse und ein anwendungsbereites Allgemeinwissen von der Geschichte und Geographie über die Philosophie und Religion bis in die schöne Literatur hinein« (Jacob, 2016).

Zurück im heimischen Muskau, bringt der künftige Standesherr den Vorsatz mit, sich künftig jeglichem Diktat zu widersetzen. Er muss schmerzhafte Veränderungen zur Kenntnis nehmen. Die Mutter hat während seiner Abwesenheit Ehemann und Wohnort verlassen und ist zum bayerischen Reiteroberst Kurt von Seydewitz geflüchtet, den sie 1799 in zweiter Ehe heiratet. »Dem armen Hermann blieb das Glück eines harmonischen Familienlebens völlig unbekannt«, schreibt Ludmilla Assing, Pücklers erste Biographin. Acht Monate nach der Eheschließung, im Januar 1800, kommt Sohn Max, Hermanns Halbbruder, von allen Purzelchen genannt, zur Welt. Zugunsten ihrer Kinder verzichtet Clementine auf alle Ansprüche aus erster Ehe: auf die von ihr mitgebrachten Muskauer Güter genauso wie auf ihre nicht unbeträchtliche Jahresrente von sechstausend Talern. Dieser Entschluss, der eher als letzte Demütigung des einstigen Gatten zu verstehen ist als auf großmütiger Mutterliebe beruht, verursacht beim Geschiedenen übelste Laune. Graf Erdmann fällt zu seinem großen Verdruss nur die Rolle des Verwalters zu, nicht die des Besitzers. Kompetenzen und Entscheidungshoheit bleiben ihm verwehrt, weswegen er von der Muskauer Bevölkerung eher bespöttelt als ernst genommen wird. Der Schlechtgelaunte, ursprünglich auf dem nahe gelegenen Rittergut Branitz zu Hause, denkt auch nicht daran, den Wohnsitz seiner geschiedenen Frau zu verlassen. Gemeinsam mit seinem Vater

August Heinrich residiert er seit seiner Hochzeit auf dem – verglichen mit dem eigenen Familiensitz großzügigen – Wohnsitz seiner Exfrau. Die Güter der Herrschaft Branitz und Groß Döbbern hat August Heinrich geschäftstüchtig verpachtet, um Schulden abzutragen und Ausgaben zu minimieren. Vater und Sohn sehen nicht den geringsten Grund, an dieser Situation etwas zu ändern und sich auf ihr seit 1696 existierendes Majorat zurückzubegeben. Graf Erdmanns ohnehin schon schlechtes Verhältnis zu Sohn Hermann, dem eigentlichen Nutznießer der Standesherrschaft, verbessert die Schenkung Clementines nicht. Die Folge ist ein ewiges Ringen und Feilschen ums Geld, denn der verschwenderische, leichtlebige Sohn fordert vom misstrauischen, feindseligen Vater regelmäßige Zahlungen aus den ihm rechtmäßig zustehenden Einkünften der Güter.

Ausgestattet mit eigener Gerichtsbarkeit, Kirchenhoheit und Polizei, erstreckt sich die Callenberger Standesherrschaft Muskau über ein 550 Quadratkilometer großes waldreiches Gebiet zwischen der Neiße im Osten bis zur Schwarzen Elster im Westen. Damit ist sie in Deutschland die größte ihrer Art und etwa zehnmal so groß wie das Branitz der Pücklers.

Die Einwohner der Standesherrschaft Muskau befinden sich personenrechtlich betrachtet in einer Art Adelsrepublik. Als nahezu leibeigene »Erbuntertanen«, schollengebunden und unfrei, stellen die Bewohner für die Sippe des Standesherrn das komplette Personal. Zum hübschen, mit Kiefern, Heidelbeer-, Preiselbeer- und Heidekrautsträuchern bewachsenen hügeligen Landstrich, der in der Ferne die Ausläufer des Riesengebirges erahnen lässt, gehört das Städtchen Muskau mit etwa siebenhundert Einwohnern. Es sind überwiegend Sorben, slawische Wenden, fleißig und gutmütig, aber auch abergläubisch und hinterwäldlerisch. Rund um das Dorf Weißwasser hat sich allerhand Gewerbe angesiedelt: Eisenwerke, Glashütten, eine Kerzenfabrik, eine Mühle und eine Brauerei, die ihren Gerstensaft bis Berlin und Leipzig liefert. Doch die Haupteinnahmen generieren sich aus Waldungen, die sich auf dem sandigen, unfruchtbaren Boden überwiegend aus Nadelholz zusammensetzen und einen ordentlichen Ertrag sicherstellen.

Nach dem Weggang der Mutter verbleibt die Sippe zunächst unter der Fuchtel des Oberhaupts der Familie, dem resoluten Großvater August Heinrich, der 1792 im Alter von 71 Jahren das junge Fräulein Auguste von Kaub ehelicht und dem 45-jährigen Sohn unter allgemeinem Grienen der Muskauer Bevölkerung ein Brüderchen schenkt. Erdmann tröstet sich derweil mit diversen Geliebten über seine unglückliche Lage hinweg. Eine Liaison bleibt seinerseits nicht ohne Folgen. Louis Marco, wie der uneheliche Sohn getauft wird, spielt im Gegensatz zu Purzelchen keine weitere Rolle im Leben Pücklers.

Dem unglücklichen Hermann wird in Muskau eine Reihe von Hauslehrern vor die Nase gesetzt, die seine Ausbildung vervollkommnen sollen. Art und Qualität der Lehre ist dabei abhängig von den Fähigkeiten der Erzieher. Einer kümmert sich ums Klavierspielen und Zeichnen, ein weiterer um den Französischunterricht, ein Dritter vermittelt Reiten und Tanzen. In seiner Freizeit spielt der Junge leidenschaftlich gern Theater. Ein kurzlebiges Vergnügen sind die Maskenbälle, Klavier-,

Gesang- und Tanzabende, die Vater Erdmann nach dem Auszug seiner Frau initiiert. Die Feste lassen den lebenslustigen jungen Mann das öde Leben auf dem Lande besser ertragen und sind willkommene Ablenkung. Doch schon nach wenigen Wochen ist es mit den Veranstaltungen wieder vorbei. Die miesepetrige Laune des Hausherrn kehrt zurück, sein Geiz gewinnt die Oberhand. Mit Blick aufs Geld und mangels Gegeneinladungen verliert er die Lust am Vergnügen. Komödien, in denen Hermann und seine drei Schwestern in den Hauptrollen glänzten, verschwinden so schnell, wie sie gekommen sind, von der schlosseigenen Bühne.

Bald wird sich der pubertierende junge Graf seines betörenden Charmes bewusst, den er sein Leben lang taktisch einzubringen versteht. Beim Besuch seiner Mutter, sie ist gerade dreißig Jahre alt, flirtet der 15-jährige Jüngling so heftig mit ihr, dass dem frisch angetrauten Seydewitz angst und bange wird. Der Junge muss vorzeitig das Anwesen verlassen. Noch lange schickt er schwülstige Liebesbriefe an die Adresse Clementines. Ob »in subtiler Rache an einer Mutter, die vieles an ihm versäumt hat und in der er nun so etwas wie Liebesglut entfacht, wenn sie ihm schon keine Mutterliebe entgegenbringen kann« (Ohff, 1991), oder bewusst provozierend, um den neuen Mann seiner Mutter zu ärgern, bleibt im Dunklen.

Kurze Zeit darauf wird der 16-Jährige, den sein Vater als musisch versponnen empfindet, zum Studium nach Leipzig geschickt. Er soll nicht weiter ein Leben als Taugenichts führen und herumgammeln, soll seine Zeit nicht mit Nichtigkeiten wie Theaterspiel und Schäkereien verplempern, sondern etwas Richtiges lernen, um sich auf die ihm zugedachte Rolle als landesständiger Herr vorzubereiten. Standes- und Traditionsbewusstsein, Patriotismus und Repräsentationsfähigkeit sind Tugenden, auf die es sich zu konzentrieren gilt. Die Wahl des Studienfaches fällt auf die Jurisprudenz, denn es kommen für männliche Abkömmlinge seines Milieus bevorzugt prestigeträchtige Karrieren beim Militär und im höheren Staatsdienst infrage, und dafür ist diese Fachrichtung ein gutes Entree. Wieder wird ihm ein lästiger Aufpasser zur Seite gestellt. Ein Hofmeister namens Kretschmer soll den lebenslustigen Jüngling von Betrügereien und Verführungen abhalten, tut aber, traut man Pücklers Aussagen, genau das Gegenteil. »Dieser Elende«, so der Biograph August Ehrhard, »führte seinen Zögling öfter in Spielhöllen und an schlechte Orte als zu den Vorlesungen.« Es ist fraglich, ob er tatsächlich die Schuld an Pücklers häufigen Gängen in die Spielsalons trägt. Dieser zockte und jeute schon in Schülertagen leidenschaftlich und soll dieses Laster bis ins hohe Greisenalter beibehalten haben. Allerdings ist diese Leidenschaft durchaus salonfähig. In gehobenen Kreisen gelten viele als spielsüchtig. Auf Schlössern, Gutshäusern und Landsitzen ist es nicht unüblich, tage-, manchmal nächtelang zu spielen, häufig in eigens dafür eingerichteten Salons, wie auch Schloss Muskau einen besitzt.

In der sächsischen Universitätsstadt Leipzig, wo dem Studenten schnell die eigenen Bildungslücken und mangelhaften schulischen Kenntnisse vor Augen geführt werden, fühlt er sich unwohl. Nach dem ersten Jahr, in dem er um gesellschaftliche Anerkennung und Zugehörigkeit ringt, schmeißt Pückler das Studium hin und wechselt kurz entschlossen zum Militär nach Dresden. Beim Regiment der sächsischen Garde du Corps, die nur hochgewachsene Männer von Stand aufnimmt, erhofft er sich, besseres Rüstzeug für seine künftige Rolle als Majoratsherr zu erhalten. Zum Entsetzen seines zänkischen Vaters ist sein Leben bei der elitären Garde-Kavallerie vor allem eines, nämlich teuer. Er benötigt einen Diener, ein Pferd und eine elegante Uniform mit Federhut und Säbel. Insbesondere aber sorgt sein großzügiger Lebensstil, der in Konkurrenz zu der piekfeinen Elite des sächsischen Adels steht, für hohe Ausgaben. Mit dem auf hundert Taler beschränkten monatlichen Wechsel kommt der ehemalige Student vorne und hinten nicht aus und klagt darüber beim Vater. Streitereien sind vorprogrammiert. Eskapaden, Streiche und kleine Gaunereien sorgen dafür, dass Hermann bald der Ruf des »tollen Pücklers« anhaftet. Mal sprengt er mit seinem Pferd über die Brühlsche Terrasse und setzt furchtlos in rot-goldener Reiteruniform zum Sprung über die Brüstung der acht Meter tiefen Elbbrücke an, zum Schrecken herausgeputzter Bürger, die ihn mit seinem Pferde an Land schwimmen sehen. Ein anderes Mal mietet er bei Gewitter die Kutschen einer Festgesellschaft, zum Entsetzen der wenig regenfest Gekleideten, die nicht wissen, wie sie nach Hause kommen sollen. Auch als geschickter Säbelfechter, hervorragender Reiter und zielsicherer Pistolenschütze tut er sich hervor. Und vor dem Charmeur ist kaum ein junges Mädchen sicher. Nebenberuflich – und verbotenerweise – schließt er sich gemeinsam mit Kameraden einer notleidenden Schauspieltruppe an und glänzt in Schauerdramen.

Dem Drang, im Mittelpunkt zu stehen, ob aus Originalitätssucht oder Übermut, kann der fesche Leutnant einfach nicht widerstehen. Die Sucht nach Aufmerksamkeit und die Eitelkeit, anderen gefallen zu wollen, sollte er bald als eigene Schwächen wahrnehmen. Sich davon zu befreien gelingt ihm aber nicht. Der Geltungsdrang ist wie ein Trieb. Bald wird er dazu übergehen, sich wie ein »Dandy« zu benehmen und die eigene Erscheinung extravagant zu gestalten. Dabei ist der junge Fürst nicht eigentlich schön, wie er selbst beklagt, jedoch elegant und hochgewachsen – den Zeitgenossen nach zu urteilen ist er das, was man eine »Erscheinung« nennt. Fontane bemerkt einmal: »Wenn Pückler in einen Raum kam, war er sofort Mittelpunkt, nicht weil er ›Fürst‹, sondern weil er ›Pückler‹ ist.«

Graf Erdmann, der eher durch die Klatschspalten der Gazetten von den Abenteuern seines Sprösslings in Kenntnis gesetzt wird als von diesem persönlich, ist der ausschweifende Lebensstil seines Sohnes ein Dorn im Auge. Nicht nur, dass ihm dessen Kapriolen Kummer und Aufregung bereiten, insbesondere wurmt ihn sein großzügiger Umgang mit dem nicht vorhandenen Geld. Denn die Wirtschaftslage auf Muskau ist angespannt und wird von dem leichtlebigen Adelssprössling überschätzt. Seit den vom Preußenkönig Friedrich II. angezettelten Schlesischen Kriegen bluten die sächsischen Grundbesitzer. Überfallen, beraubt und finanziell ausgebeutet, sind sie damit beschäftigt, ihre Besitzungen wiederherzurichten und Kontributionen an Napoleon zu zahlen. Auch auf der Standesherrschaft Muskau liegen hohe Schulden, man kann sich nur eben so mit geliehenem Geld über Wasser halten, denn die Zinsen fressen die Einnahmen aus der Kleinindustrie auf. Das Holzgeschäft, der Vertrieb der chemischen Substanz Alaun und die Landwirtschaft werfen wenig Ertrag ab, und es bleiben erst recht keine Mittel übrig, um Verschwendung zu finanzieren.

Ob Hermann die Situation einfach ignoriert oder schlicht nicht von ihr weiß? Jedenfalls stellt er seinen großzügigen Umgang mit Finanzmitteln nicht ein. Leichtfertig unterschreibt der Verschwender Schuldscheine für wertlosen Plunder oder lässt Wechsel platzen. Sein Vater wagt bald nicht mehr, unter eigenem Namen zu reisen, da er die Gläubiger des Sohnes fürchtet, die selbst unter den Lohnkutschern zu finden sind. Graf Erdmann greift zu drastischen Mitteln, erwägt kurzzeitig Hermanns Enterbung wegen »Verschwendungssucht«. Als er ernst zu machen droht und Klage im Bautzener Erbschaftsgericht einreicht, muss er eine Schlappe hinnehmen. Da es sich bei den Pücklers »um die erste Familie in der ganzen Lausitz« handelt, heißt es in der Begründung, werde der Kurfürst auf keinen Fall einer Entmündigung zustimmen. Die Klage wird abgewiesen.

1804 kehrt der 18-jährige Hermann von Pückler nach dem enttäuschenden Studienjahr an der Leipziger Universität und seinem ungestümen Soldatenleben in Dresden müde und krank in seine Muskauer Heimat zurück. Die angehäuften Schulden machen den weiteren Aufenthalt in Dresden unmöglich. Die Gläubiger lauern ihm auf. Betrogene schwören Rache, Gastwirte und Weinhändler sind nicht länger bereit, ihm Schuldscheine auszustellen. Voller Sorge quittiert er den Dienst und verlässt am 15. September 1804 im Rang des Rittmeisters überstürzt den Ort seiner Sturm-und-Drang-Zeit. Damit gehört das Soldatenleben von heute auf morgen der Vergangenheit an. Ein weiteres Lebenskapitel ist abgeschlossen. Dem Heranwachsenden haftet ein Ruf an, der von späteren Biographen mit den Attributen unstet, frech, aufmüpfig, lasterhaft und bildungsfern belegt wird. So heißt es bei Jacob: »Mangelnde elterliche Zuwendung und verfehlte Erziehungsversuche mündeten demnach folgerichtig in eine Verkettung von Misserfolgen als Lehrerschreck, Studienabbrecher, Schuldner und gescheiterter Gardehusar – ein Fall von aristokratischer Wohlstandsverwahrlosung, der bereits in der Wahrnehmung seiner Zeitgenossen nichts Großartiges für die Zukunft erwarten ließ, schon gar nicht die Fähigkeit und Ausdauer, ein künstlerisches Werk von Rang in die Welt zu setzen.« (Jacob, 2016)

Den Plan des rastlosen jungen Mannes, für einen längeren Aufenthalt zu seinem Onkel Armand-François de La Tour du Pin-Montauban, Marquis de Soyans, nach Bourges in Mittelfrankreich zu reisen, um seine französischen Sprachkenntnisse zu perfektionieren und sich vollendete Umgangsformen anzueignen, vielleicht auch, wie manche Quellen behaupten, um sich nach einer Ehefrau umzugucken, lehnt der strapazierte Vater strikt ab. Selbst Hermanns Hinweis auf den Reichtum des ihm persönlich nicht bekannten Onkels, der vor zwei Jahren aus der Emigration zurückgekehrt ist, gepaart mit der Vermutung, dass der Aufenthalt vermutlich nicht viel kosten wird, überzeugt den geizigen Erdmann nicht. Der Aufenthalt beim Onkel kommt nicht zustande. Der Heranwachsende zeigt sich reumütig, geplagt vom schlechten Gewissen wegen der vielen

Schulden. Er müht sich, seine Sünden auszubügeln, indem er vom Munde abgesparte kleinere Summen zum Rückkauf der Wechsel verwendet. Doch seine Besserungsversprechen stoßen beim Vater auf taube Ohren. Die Zahlungen wirken wie ein Tropfen auf dem heißen Stein. Erdmann zeigt sich einmal mehr frostig und unnachgiebig. Nicht einmal dem Vertrauten des Vaters, Schlosssekretär Wolff, gelingt die Vermittlung zwischen Vater und Sohn. Dem gutmütigen Mann entgeht nicht, wie viel Wert Hermann trotz der Missachtung durch den Vater auf dessen Meinung und Urteil legt. Seine Versuche, Vater und Sohn zu versöhnen, misslingen.

Fußmarsch ins Ungewisse

Eine Jugendwanderung

Untätigkeit ist zu keiner Zeit Hermanns Sache. Weder als junger Draufgänger noch als kränklicher Greis kennt er den Müßiggang. Von militärischen Zwängen befreit und der unterkühlten häuslichen Stimmung überdrüssig, wo er nach dem Willen des Vaters nicht einmal die Bibliothek uneingeschränkt nutzen darf, macht er sich am 19. Juli 1806 auf den Weg nach Wien, um der Enge und Kleinbürgerlichkeit der sächsischen Provinz zu entfliehen. Er geht zu Fuß. Sein Gepäck besteht aus zwei Rucksäcken, einer davon ist – um unterwegs die Bildung nicht zu vernachlässigen – angefüllt mit Büchern, zu denen eine Kirchengeschichte und eine lateinische Grammatik gehören. Sein Aufbruch ist der Beginn einer vier Jahre währenden Tour durch halb Europa, der sogenannten Jugendwanderung, die zunächst wie eine Flucht vor seinem gigantischen Schuldenberg wirkt, sich aus heutiger Sicht aber als Übergangszeit, als Transformationsphase interpretieren lässt, »in der er sich von seiner Vergangenheit lösen und seiner Möglichkeiten bewusst werden konnte« (Jacob, 2016).

Dass sich Pückler durch seinen Weggang aus Muskau elegant der Teilnahme am Krieg entzieht, ist ein interessanter Nebenaspekt. Der junge Mann, der zur Kriegserklärung Napoleons am 9. Oktober 1806 bereits weit weg vom Geschehen ist, kommt nicht in die Verlegenheit, Position beziehen zu müssen. Es ist anzunehmen, dass ihm die Situation gelegen kommt. Als sächsischer Staatsbürger hätte er an der Seite der verbündeten Franzosen gegen die ihm sympathischen Preußen kämpfen müssen – ein unangenehmer Gewissenskonflikt, den er geschickt und unauffällig zu umgehen weiß.

Wien, die Stadt der Künste und des Genusses, entspricht genau Pücklers Neigungen. Mit wachen Sinnen durstreift er die österreichische Metropole, saugt Sehenswürdigkeiten und Beobachtungen wie ein Schwamm auf. Er beginnt ein erstes Reisejournal mit den Schilderungen seiner Eindrücke. Diese erste Koppelung von Reisen und Schreiben ist die eigentliche Besonderheit dieser biographischen Phase (Jacob, 2016), die sich vom Jahr 1806 bis ins Jahr 1810 erstreckt, der Zeit seiner Reisen durch Deutschland, Böhmen, Österreich, die Schweiz, Frankreich und Italien.

Die Sorge ums Geld verlässt Pückler auch in Österreich nicht. Ungeduldig wartet er auf die Dreimonatswechsel des Vaters, muss ihn mehrfach anmahnen. Dass Erdmann sich in verzweifelter Finanzlage befindet, klammert er aus. Gut Muskau ist mit sechzigtausend Talern Kriegskontributionen belastet. Einkünfte gehen nicht ein, Kredit wird nicht mehr gewährt. Durch den Krieg mit Napoleon ist das Adelshaus verpflichtet, verbündete Truppen zu beherbergen und zu verpflegen, die die Äcker und Vorräte buchstäblich leerfressen. Dass Erdmann in dieser Lage nicht begeistert ist, dem Sohn die verlangte Apanage von viertausend Talern zu gewähren, ist in seiner misslichen Lage verständlich.

Auch die Mutter versucht der Reisende durch dramatische Worte zu einer Geldspritze zu bewegen. Der

Erfolg seiner Bettelbriefe ist zweifelhaft. Er möge, um seine desolate Finanzlage zu überwinden, doch Hofmeister und Lehrer bei seinem Halbbruder Max von Seydewitz werden, schlägt die Mutter pragmatisch vor. Eine süffisante Antwort auf das für ihn indiskutable Angebot kann er sich nicht verkneifen: »Gott, welche verlockende Zukunft stellst du mir in Aussicht!«, kokettiert er und kündigt den täglichen Umgang miteinander an, bei dem er seinem Stiefbruder Purzelchen gerne etwas von seiner »hohen Weisheit« abgeben würde.

Der junge Graf, stets mit einem Bein noch im Gestern und mit dem anderen schon im Morgen, muss sich schneller, als ihm lieb ist, wieder aus Wien entfernen. Eine unangenehme Affäre zwingt ihn, den liebgewonnenen Ort zu verlassen. Auslöser ist angeblich eine Liebschaft, die Anfang 1807 zu einer Pistolenforderung des Prinzen Löwenstein führt. Die Angelegenheit kann letztlich gütlich geregelt werden, doch mit dem Sekundanten des Prinzen, dem Grafen Colloredo-Mannsfeld, gerät er dermaßen aneinander, dass er auch diesen zum Duell fordert. Als der österreichische Aristokrat ihn ignoriert, gar verhöhnt, gerät Pückler in Rage. In seiner Ehre gekränkt, setzt er ihm zu Pferde nach, stellt ihn im Wiener Vorort Mariahilf und bearbeitet den Maulhelden – als Ausgleich zum verweigerten Duell – kräftig mit der Reitpeitsche. Da es sich beim Grafen Colloredo-Mannsfeld um den Sohn des österreichischen Staatskanzlers handelt und die Angelegenheit in der Öffentlichkeit genüsslich breitgetreten wird, bleibt dem gefürchteten Fechter und Schützen aus der Lausitz nichts anderes übrig, als schleunigst aus Wien zu verschwinden.

Mit achtzig geliehenen Dukaten in der Tasche flieht er eiligst über Augsburg nach München, wo er einen Schlussstrich unter die Tollheiten der vergangenen sechs Jahre zieht. Der verwöhnte Sohn aus gutem Hause nimmt Abschied von den Gewohnheiten eines halbstarken Draufgängers und beginnt bettelarm eine Existenz abseits von Statussymbolen und gedankenlosen Abenteuern, die eine gewisse Exzentrik und Sprunghaftigkeit jedoch nicht ausschließt. Selbst am Existenzlimit fehlt es Pückler nie an Mut. Es scheint, als ob er in München beweisen möchte, dass mehr ihn ihm steckt als der schmarotzende Müßiggänger. Hier wendet er sich einer bildungsorientierten Lebensweise zu, die langfristig sein Brandmal als »schwarzes Schaf« der Familie verblassen lässt und ihm das nötige kulturelle Rüstzeug verschafft, um sich in ferner Zukunft in eine strahlende Künstlerexistenz zu verwandeln.

Für ganze fünfzig Dukaten versetzt er die letzten Gegenstände, die von seinem hochtrabenden Offiziersleben geblieben sind: den Galadegen, die Pistolen, seine goldene Uhr, teure Parfüms und sein kostbares Pariser Reiseetui inklusive einer Tasse aus echtem Sèvres-Porzellan. Mit dem Erlös geht es auf Schusters Rappen mit dem von Sekretär Wolff aus Muskau geschickten Reisepass nach Ulm. Künftig reist er als einfacher Mann, unter dem im Pass eingetragenen Namen »Sekretär Pückler«. Er verzichtet auf den Zusatz »von«. Mit dem Vater konnte er, dank Wolff, eine jährliche Apanage von 1200 Talern aushandeln. Das ist für seine bisherigen Gewohnheiten eine klägliche Summe, die keine großen Sprünge erlaubt. In einer baufälligen Behausung findet er eine bescheidene Unterkunft, in der er die Schuhe selbst putzt, die Kleider eigenhändig flickt und reinigt und sich dürftig ernährt. Mittags löffelt er dünne Wassersuppen, manchmal ergänzt um ein schuhsohlenzähes Stück Rindfleisch, abends gibt es Schwarzbrot mit Wasser, zwischendurch löslichen Kaffee – ein preisgünstiger und karger Genuss, der nicht erahnen lässt, dass Pückler seiner Nachwelt einmal als fürstlicher Gourmet in Erinnerung bleiben wird.

Seine billige Poetenstube im dritten Stock des Hauses in der Pfauengasse 15 befindet sich direkt neben der lauten Werkstatt eines Spielkartenherstellers. Einem alten Schulkameraden aus Dresden berichtet er über die groteske Situation, »daß der Zufall gewollt hat, daß der Herr des Logis ein Kartenmacher ist, so daß ich selbst in der Retraite, in die mich jene schändlichen Werkzeuge des Jammers gebracht haben, mich durch den Lärm ihrer Verfertigung in meiner Ruhe gestört sehe«. Trotz des Hämmerns und Stanzens im Nachbargewerbe verschreibt sich Pückler der eigenen Bildung. Vor einem wurmstichigen Tisch auf einem wackeligen Schemel sitzend, liest, denkt und schreibt er. In die Religionsgeschichte vertieft er sich besonders. Doch Pücklers Bildungsbeflissenheit wird von den schnöden Auswirkungen des Winters auf die Probe gestellt. In seiner nicht heizbaren Bude pfeift der eiskalte Wind durch alle Ritzen – kein Wunder, dass der junge Mann schwer erkrankt. Bald kommt er die steilen Treppen kaum noch hoch, ist nicht in der Lage, Speisen zuzubereiten und einen Arzt oder Medizin zu bezahlen. Tiefe Schwermut legt sich über sein einsames Gemüt. Der Leidende glaubt den Strapazen, Entbehrungen und dem Alleinsein nicht länger gewachsen zu sein. In seiner Verzweiflung wendet er sich erneut an die Mutter, jammert über sein Schicksal als »Bettelgraf«. Durch ihre Schuld sei er erkrankt, klagt er dramatisierend, ohne finanzielle Unterstützung werde er in der Fremde blutspeiend zusammenbrechen. Zwischen Mutter und Sohn entspinnt sich ein reger Briefwechsel voller wechselseitiger Ratschläge und Vorwürfe, bis Clementine schließlich nachgibt und finanzielle Unterstützung zusagt. Parallel zu ihrer Geldanweisung trifft eine kleine Zulage aus Muskau ein, die Pückler sogleich nutzt, um sich von Ulm, dem »abscheulichsten Fleck der Erden, wenn nicht der Hölle gleich, so doch dem Fegefeuer«, Richtung Stuttgart zu verabschieden. Endziel ist das Alte Bad Pfäfers in der Schweiz, ein damals beliebtes Heilbad in der Taminaschlucht nahe Bad Ragaz, in dem sich der Angeschlagene von seiner Krankheit zu kurieren gedenkt. Auf der Reise dorthin, der Weg führt über Tübingen und Konstanz, flammt das leidige Thema der Geldbeschaffung erneut auf. Das ewige Bitten und Betteln um finanzielle Mittel zieht sich wie ein roter Faden durch Pücklers frühe Jahre.

Anfällig für die Versuchungen des Komforts, hat sich Hermann zwischenzeitlich Kutsche und Luxushotel gegönnt, nun kehrt er zu der sparsamen Fortbewegungsvariante zurück und geht wieder zu Fuß. In 14 Tagen absolviert er eine Strecke von rund fünfhundert Kilometern. Die Wanderung führt ihn über Zürich, den Gotthard, den Lago Maggiore bis Mailand und zurück in die Schweiz. Der Gewaltmarsch nach Bern endet mit dem körperlichen Zusammenbruch. Der junge Mann ist völlig erschöpft, hustet stark, spuckt sogar Blut. Seine Reisebekanntschaft, Alexander von Wulffen, Landsmann aus Sachsen und späterer Offizier in Preußen, schleppt ihn bis nach Luzern. Dort machen die Ärzte ernste Mine, diagnostizieren eine Lungenentzündung und geben nicht viel Hoffnung. Immerhin empfehlen sie den Aufenthalt in südlichem Klima.

Selbst in geschwächtem Zustand lässt sich der Kranke diesen Ratschlag nicht zweimal geben. Zum Ort der Genesung erwählt er Montpellier. Die mittelalterliche Stadt an der Mittelmeerküste des Languedoc besitzt eine berühmte medizinische Fakultät, deren Geschichte bis ins 13. Jahrhundert zurückreicht. »Wieso nun aber der ernsthaft erkrankte Pückler imstande war, eine, wie man sehen wird, über alle Maßen anstrengende Fuß-, Schiffs- und Wagenreise nach Südfrankreich anzutreten, während in seinen Aufzeichnungen zwar physische Erschöpfung, nie aber seine todesbringende Krankheit erwähnt wird, bleibt unaufgeklärt.« (Bröhan, 2010)

Belegt ist jedenfalls, dass der desolate Pückler in Begleitung des treuen von Wulffen, mit dem er im Übrigen lebenslang in Kontakt bleiben wird, zu Fuß nach Lyon wandert. Ende August 1808 treffen die Freunde im günstig am Zusammenfluss von Saône und Rhône gelegenen Städtchen ein, voll Begeisterung für Bauten, technischen Fortschritt, Theater und Kultur. Überhaupt empfindet Pückler die Franzosen als zivilisiert und höflich, bewundert den Müßiggang, betrachtet mit Vergnügen die »schönen Damen«, labt sich an der »vortrefflichen Küche« und lobt sogar das Wohlverhalten der Bettler. Im Binnenhafen am Saône-Quai »embarquieren« die deutschen Abenteurer nachts um zwei Uhr, vermutlich am 30. oder 31. August, gen Süden.

Am 5. September 1808 beginnen Pücklers Tagebucheintragungen in Avignon. Seinen Schilderungen zufolge war er vier Tage und drei Nächte lang unterwegs – die Strecke zwischen Lyon und Avignon legt der Hochgeschwindigkeitszug TGV heute in fünfzig Minuten zurück. Die zweitägige Schiffsreise, bei der er tagsüber der brennenden Sonne ausgesetzt ist und nachts auf nackten Planken ruht, führt Pückler nahe am Schloss seiner Mutter vorbei. Im Tagebuch äußert er Bedauern darüber, dass er nie dort gewesen und die Mutter derzeit abwesend sei. Clementine von Callenberg stammt aus dem Geschlecht der La Tour du Pin – Schloss Allex in der Nähe von Crest, östlich der Rhône an der Drôme, ist ihr Eigentum und Wohnsitz. Mütterlicherseits gehen Pücklers Wurzeln auf die Gegend in der Dauphiné zurück. Vielleicht ist ihm oder der Mutter das eine oder andere Mal der Gedanke gekommen, dass Pückler seine Leichtlebigkeit und sein abenteuerlustiges Temperament weniger dem nüchternen, misanthropischen Einschlag der Lausitzer »Sandbüchse« als vielmehr dem südfranzösischen Einschlag zu verdanken hat.

Als die jungen Abenteurer in Avignon eintreffen, ist Erntezeit im Schlaraffenland Frankreich. Zwei Tage nach der Ankunft notiert Pückler, beglückt von einem Ausritt, in sein Tagebuch: »Wir stiegen also ab, um hier unter Weinlauben und Pfirsichbäumen uns ein wenig zu erfrischen. Für drei Sous erhielten wir Erlaubnis, so viel abzupflücken, als wir essen könnten; der Gärtner schien jedoch nicht auf den nordischen Appetit gerechnet zu haben, mit dem wir seinen saftigen Pfirsichen und Muskattrauben zusprachen.«

Pücklers Tagebuch der Reise durch Frankreich und Italien, dessen Einträge nicht immer in logischer Abfolge notiert werden, sind ursprünglich für die zeitnahe Veröffentlichung bestimmt. Dass die Reiseerlebnisse unter dem Titel »Jugend-Wanderungen« erst 1835, mehr als 25 Jahre später und lange nach dem großen Erfolg von »Briefe eines Verstorbenen« erscheinen, legt nahe, dass ihm in jungen Jahren die Gelegenheit zur Publikation fehlt oder er gar an der Qualität seines Werks zweifelt. Später überwindet er, seiner ständigen Finanznot geschuldet, seine Bedenken und macht das Buch doch noch zu Geld. Tatsächlich gelten die nüchternen Texte, die sich wie ein Fremdenführer lesen und vor Aufzählungen strotzen, als schwach und wenig originell im Vergleich zu Pücklers späteren Büchern.

Gleichwohl sind seine plastischen Schilderungen von Museen, Hotels, Sehenswürdigkeiten und Eigenheiten einiger Mittelmeerorte, die heute zu den beliebtesten touristischen Destinationen Südfrankreichs gehören, aufschlussreich. Montpellier charakterisiert er als »hübsche Stadt, die in ihrem beträchtlichen Umfang einige schöne Gebäude und Plätze einschließt«, Arles bezeichnet er als »eine Lüneburger Haide mit etwas vornehmerer Vegetation«, von Marseille schwärmt er mit den Worten: »Wir finden unsern erhabenen Aufenthalt sehr angenehm; beständig athmen wir die frischeste Luft, jeder Gang auf die Straße dient uns schon zu einer heilsamen Motion, die Aussicht aus unsern Fenstern über den Hafen und die bunten Wimpel seiner Schiffe ist herrlich.« Das von hohen Bergen umschlossene Nizza empfindet er als einen »sehr freundliche[n] Ort, und äußerst romantisch«, und er bewundert die ungewöhnlich großen Olivenbäume, die dunkelgrünen Caroubiers (Johannisbrotbäume), die Lorbeeren und Tausende von Orangenbäumen mit ihren goldenen Früchten.

Am 1. Dezember 1808 verlassen der mittlerweile 23-jährige Pückler und sein Reisekamerad Alexander von Wulffen das »mittägliche Frankreich«, um via Genua in das winterliche Italien überzusetzen. Im Mai erreichen die beiden Freunde die Heilige Stadt. Dort angekommen, scheinen alle physischen Probleme vergessen. Der »tolle Pückler« blüht in Rom, das er als »noch immer die erste Stadt der Erde, obgleich seit langen Zeiten nur noch der Leichnam der alten Weltbeherrscherin«, bezeichnet, auf und macht seinem Ruf als lebenslustiger Charmeur alle Ehre. Der ärmlichen Wanderkleidung überdrüssig, tritt der junge Mann der römischen Gesellschaft als Graf von Welt in edler nachtblauer Gesellschaftsuniform gegenüber und verhält sich – ein perfekter Kosmopolit – vorurteilslos gegenüber anderen Kulturen und fremden Menschen. In Rom erkundet er wissbegierig und voller Forschungsdrang die antike Pracht, die Museen und Kunststätten. Voller Staunen und Entzücken streift er von morgens bis abends durch den »glühenden Brandherd alter Kulturen«, zeigt sich erschüttert über die unbegreifliche Zerstörungswut des Menschen und glänzt am Abend als Salonlöwe. Dass er ein wahres Hungerleben hinter der geschliffenen Fassade führt, ahnt keiner der vornehmen Damen und Herren, die im Palais seines Bekannten, des Prinzen Friedrich IV. von Sachsen-Gotha-Altenburg, ein und aus gehen. Nur der Prinz selbst ist eingeweiht und weiß um Pücklers prekäre finanzielle

Lage. Nach einem längeren Abstecher nach Neapel, ausgelöst durch die Nachricht vom Ausbruch des Vesuv und gekrönt durch den Besuch im Krater, wo er, seine Begleiter und »ein paar so hübsche und so liebenswürdige Weiber ..., daß man bei ihrem Anblick wohl an's Sündigen, aber als Strafe höchstens an's Fegefeuer denken konnte«, sich daran ergötzen, fleißig ausgetrunkene »Bouteillen« in die glühende Lava zu werfen und das sofortige Schmelzen des Glases zu beobachten, reift der Entschluss, nach Hause zurückzukehren.

Die »gleich einer Theatervorstellung« zufällig bei einem Diner auf der Terrasse des russischen Gesandten Bibikoff beobachtete Seeschlacht zwischen der englischen und der neapolitanischen Flotte macht ihn nachdenklich. Hat das brodelnde Naturschauspiel des Vulkans kurzzeitig von den Sparzwängen abgelenkt und die braunlockige, blauäugige Julie »Giulietta« Guicciardi, verheiratete Gräfin Gallenberg, Pücklers Gefühle – wie die des großen Komponisten Beethoven einige Jahre zuvor – für einige Monate durcheinandergewirbelt, so überwiegen bald wieder banale Geldsorgen. Diese erste große Liebe, vermutlich eine der wenigen ernsthaften Beziehungen in der Fülle seiner flüchtigen Romanzen, weicht schnell existenziellen Sorgen bis hin zum nackten Überlebenskampf. Das angeforderte Geld vom Vater lässt wieder einmal auf sich warten und entspricht, als es mit zweimonatiger Verspätung endlich eintrifft, nicht der gewünschten Höhe.

Durch den Schlosssekretär Wolff erfährt er vom schlechten Gesundheitszustand seines Vaters. Der Freund der »Dolce Vita« tritt den Heimweg an, legt manche Etappe erneut zu Fuß zurück, geplagt von riesigen Flöhen und in Begleitung eines gefräßigen, diebischen Italieners, der an die Stelle des ehemaligen Reisegefährten Alexander von Wulffen getreten ist. Über Ancona, Venedig, Turin und Straßburg reist Pückler im Sommer 1809 bis Paris, um sich dort mit seiner Mutter zu treffen. Zu seiner Enttäuschung ist sie längst abgereist, als er eintrifft, und so erlebt er – statt mit ihr eine Erbschaft zu verprassen, wie sie es ihm angekündigt hatte – einen ersten einsamen Aufenthalt in der Stadt, die ihn sein Leben lang nicht mehr loslassen wird. Besonders eilig hat er es nicht, nach Hause zu kommen. Ihm graut vor der frostigen Atmosphäre. Am 9. April erreicht ihn die Nachricht, dass der Großvater väterlicherseits im Alter von neunzig Jahren verstorben ist. Doch selbst der Trauerfall hält ihn nicht davon ab, in Ruhe die Sehenswürdigkeiten der französischen Metropole zu erkunden. Einen Vorwand, seine Kavalierstour noch weiter auszudehnen, findet er allerdings nicht.

So trifft er nach einem Zwischenstopp im sommerlichen Weimar 1810 nach drei Jahren Abwesenheit wieder in der kargen Heimat ein, und es ist ihm, als ob im düsteren Schloss die Zeit stehengeblieben sei. Hatte ein Besuch beim Dichterfürsten Goethe in Weimar ihm Antrieb gegeben, seine schriftstellerischen Ambitionen zu verfolgen, gerät er zu Hause schnell in trübe Stimmung. Der kränkliche Vater bleibt dem Heimkehrer fremd, »er hatte keine inneren Anknüpfungen mit ihm, keine Sympathie, keine Geistesverwandtschaft«, schreibt Ludmilla Assing. Um sich nicht zu zanken, entflieht Hermann der spannungsgeladenen Atmosphäre mit dem ihm feindlich gesinnten Vater in die Muskauer Gegend »inmitten von Wäldern, in einer Art Wüste, wo es nur Wölfe, Wildschweine, Bauern und Dummköpfe gibt«, wie er der schönen Gräfin Gallenberg das Gebiet beschreibt. Er unternimmt kleine Reisen. Am 16. Januar 1811 hält sich der junge Dandy in Berlin auf, als ihn die Nachricht vom Tod des nur 57 Jahre alten Vaters, der vermutlich dem Unterleibskrebs erlegen ist, erreicht. Damit eröffnet sich ein weiteres Kapitel seines erlebnisreichen Lebens.

Der Luftikus wird erwachsen

Pückler als Standesherr und Soldat

Über Nacht muss der 25-Jährige die Standesherrschaft Muskau übernehmen – eine Aufgabe, die zwar zu erwarten war, aber dennoch einen neuen Ernst in Pücklers bisher recht unbekümmertes Leben bringt. Er ahnt nicht, dass nur vier Jahre später die Standesrechte wegfallen werden. Künftig trägt der bisherige Luftikus die Verantwortung für die Stadt Muskau und 41 Dörfer mit diversen Gewerbebetrieben und Gütern, in denen mehr als zehntausend Menschen leben.

Kurzzeitige Trauer weicht schnell der bitteren Erkenntnis, dass die Schulden der Herrschaft gewaltig sind. Geldsorgen ist er zwar gewohnt, doch mit einer halben Million Taler erreicht die Schuldenlast eine neue Dimension. Der junge Erbe muss feststellen, dass der Vater bei der Verwaltung des mütterlichen Erbanteils in hohem Maße in die eigene Tasche gewirtschaftet hat. Seine Empörung ist groß. Er ärgert sich über den skrupellosen Egoisten, der das Geld der eigenen Kinder rücksichtslos verprasste. Dieses unredliche Verhalten empfindet er als unverzeihlich, und es gipfelt in Verachtung. Kommt in späteren Jahren die Sprache auf seinen Erzeuger, erklärt Pückler allen, die es hören wollen, dass er in seinem Leben nur einem einzigen Feind begegnet sei, der ihn habe verderben wollen, und dieser sei sein Vater gewesen. Bis ans Ende seiner

Tage gelingt es Hermann von Pückler-Muskau nicht, seinem Vater zu vergeben.

Mit der Übernahme des Schlosses als Standesherr von Muskau, Baron von Groditz und Erbherr von Branitz, wie die drei geerbten Titel heißen, schlägt Pückler ein neues Kapitel seines facettenreichen Lebens auf. Zu keinem Zeitpunkt jedoch erwägt er, die Leidenschaft für das Reisen aufzugeben und sesshaft und häuslich zu werden. Mit Kalkül nimmt er einen Generalbevollmächtigten in seinen Dienst, der ihm die tägliche Arbeit abnimmt und ihm seinen umtriebigen Lebensstil fortsetzen lässt. Die Wahl der Vertrauensposition des Verwalters fällt auf seinen alten Schulfreund Leopold Schefer. Damit beweist der frischgebackene Herrscher über die Lausitzer »Sandbüchse« Muskau einen guten Instinkt. Die Bewohner Muskaus erlaubt er sich zuvor auf Missstände, Verwahrlosungen und Schlendrian hinzuweisen und mit strengem Ton zu Gehorsam und Pflichtbewusstsein zu ermahnen.

Der fromme Dichter und treu ergebene Freund Leopold Schefer ist nicht nur ein geschätzter Autor und glänzender Komponist, sondern hat auch ein glückliches Händchen für kaufmännische Dinge. Mit klarem Kopf und nüchternem Verstand schaltet und waltet der Praktikus verlässlich als Generalinspektor über die Pückler'schen Besitztümer und ermöglicht so dem Jugendfreund ein weitgehend unabhängiges Leben, das er von seiner kleinen, an der Ecke Unter den Linden / Friedrichstraße gelegenen Berliner Wohnung aus führt. Schefer, Autor des beliebten »Laienbreviers«, wird 1816 als eine Art Vorbote den Orient bereisen. Pückler finanziert dem Jugendfreund, dem er später auch eine kleine Rente zahlt, die mehrjährige, als »Lebens-Universität« bezeichnete Tour. Vermutlich ist er froh, sich auf diese Weise eines nervenden Kritikers seines »Wahnsinnsplans« Landschaftsgarten entledigen zu können, der wieder und wieder anmahnt, Pückler solle sich lieber auf die regionale Landwirtschaft und die industrielle Nutzung der vorhandenen Güter konzentrieren.

Im März 1812 ändern sich die eingespielten Strukturen. Vorübergehend ist die Anwesenheit des Herrn in Muskau erforderlich. In Sachsen marschieren französische Truppen auf. Die Oberlausitz wird zum Durchzugsgebiet gegen Russland. Anfänglich hegt der Schlossherr wegen seiner französischen Wurzeln Sympathien für Napoleon Bonaparte und dessen Untertanen, deren Kultiviertheit er im Vergleich zur »plumpen Grobheit der Engländer«, den lachhaften, »mit niedrigem Sklavensinn« gepaarten Stolz der Russen und der »elenden Kriecherei« der Deutschen schätzt. Doch schließlich wird die Frankophilie des Standesherrn auf eine harte Probe gestellt. Die Muskauer Schlosswiese wird zum Exerzierplatz umfunktioniert, die Felder dienen als Speisekammer und die Schlösser als Wirtshäuser. Truppendurchmärsche, Plünderungen und eine mörderische Typhusepidemie mischen das beschauliche Leben auf dem Lande gewaltig auf, bis der Graf höchstpersönlich betroffen ist: Auf seinem Schloss ist bald jede Kammer mit Soldaten belegt, er selbst hat sich mit der Krankheit angesteckt und ist zu Hausarrest verdonnert. Allerdings sind es wohl eher die verbündeten Truppen, die für Unruhe sorgen. »Trotzdem treibt der Standesherr auf Muskau ein doppeltes Spiel«, analysiert der Kulturjournalist Heinz Ohff. »Mag er, selbst zu einem Viertel französischer Herkunft, die Franzosen hochschätzen, er bleibt doch so etwas wie ein deutscher Patriot mit deutlicher Hinneigung zu Preußen.« (Ohff, 1991) Wie viele seiner Zeitgenossen entflammt Pückler für die »deutsche Sache« und bleibt nicht untätig. Kaum genesen, bricht er nach Bautzen auf, um Napoleon persönlich über den heillosen Zustand zu unterrichten. Wie groß muss seine Überraschung gewesen sein, als er, statt Verständnis zu ernten, von dem Korsen wegen angeblicher Konspiration mit dem Feind kurzerhand arretiert wird!

Für den Grafen ist damit das Maß voll. Wieder auf freiem Fuß, wendet er sich gegen Napoleon. Mit Beginn der Befreiungskriege meldet sich der waffenerprobte Pückler 1813 als Freiwilliger. Zwischen Preußen und Sachsen, Herz und Pflicht hin- und hergerissen, brennt er darauf, seinen Mann zu stehen und einen Beitrag zum Krieg zu leisten. Über den Umfang und die Art der Teilnahme Pücklers an den Kriegshandlungen ist wenig bekannt, nur dass er als Oberstleutnant und Generaladjutant des Großherzogs Karl August von Sachsen-Weimar-Eisenach an der Völkerschlacht bei Leipzig teilnimmt und mit ordengeschmückter, stolzgeschwellter Brust unbeschadet zurückkehrt. Nach den weiteren Feldzügen gegen Napoleon dient er als Verbindungsoffizier und später als Militärgouverneur von Brügge. Seine Beziehungen und sein kluges Taktieren verschaffen Pückler nicht nur einen Kurierauftrag des Großherzogs von Sachsen-Weimar-Eisenach zum Zaren Alexander I. nach Paris, wofür er den dekorativen Wladimir-Orden erhält. Sie bringen ihm 1812 auch eine erste Reise nach England ein, dem Land, dessen feiner Lebensstil ihm ein Leben lang Bewunderung abringt. Als Begleiter der beiden Monarchen Zar Alexander I. und König Friedrich Wilhelm III. von Preußen nimmt Pückler an der Siegesfeier und den Paraden teil und darf im ersten und teuersten Haus am Platze, dem Clarendon Hotel in der Bond Street, nächtigen.

In London endet seine militärische Laufbahn. Er bleibt, fasziniert von Land und Leuten, als Privatmann noch ein wenig länger und ist, stets elegant gekleidet wie ein englischer Lord, an den Spieltischen und auf den Pferderennbahnen in Gesellschaft häufig wechselnder Ladys der Upper- oder Underclass anzutreffen. Im roten Rock des Landjunkers nimmt er an der Fuchsjagd teil, im gedeckten Tweed des Vollblut-Engländers macht er an vornehmen Tischgesellschaften, im dunklen Frack auf rauschenden Bällen eine gute Figur. Aus dem preußischen Kriegshelden schält sich ein makelloser Dandy hervor.

Doch wie immer benötigt Pückler Geld, um seinen gehobenen Lebensstil aufrechtzuerhalten. Der in Muskau als »Vice-Graf« tätige Freund Schefer muss sich darum kümmern und wird kurzfristig nach England einbestellt. Ob zu diesem Zeitpunkt das erste Mal der Gedanke an eine begüterte Ehefrau aufflammt, bleibt unbestätigt. Nach Pücklers Meinung wären mit einer reichen Erbin an seiner Seite alle Geldsorgen ein für alle Mal vom Tisch. Mit Schefer schmiedet er Pläne für die nahe Zukunft.

Trotz zahlreicher Ablenkungen bewahrt sich Pückler eine ernsthafte, sinnsuchende Seite – er nähert sich langsam seiner Lebensaufgabe, der Landschaftsparkgestaltung. Auf einer »Grand Tour« durch England beginnt er, berühmte Gärten und Landschaftsparks des Königreichs zu studieren. Gemeinsam mit dem Schulfreund besucht er etwa 36 Orte. Unter diesen befinden sich – neben Regent's und St. James's Park in London, Stourhead und Longleat Gardens in Wiltshire und Blenheim in Oxfordshire – auch die Gärten der beiden Gartenarchitekten Lancelot »Capability« Brown und Humphry Repton, die für ihre illustren Bauherren, den Herzog von Northumberland und Lady St. Quintin, grandiose Landschaftsparks in Alnwick, Stowe, Blenheim und Hampton Court angelegt haben. Selbst nach strapaziösen Ritten aufs Land skizziert Pückler attraktive Gärten als Gedächtnisstütze, vermisst Wegführungen und prägt sich reizvolle Kompositionen detailgenau ein. Den Landschaftsarchitekten Brown kürt er zu seinem »Shakespeare unter den Gartengestaltern«. Gebannt von dessen Schöpfungen, beschließt er, das Gesehene als Vorbild für den eigenen Besitz zu verwenden.

Im Frühjahr 1815 ist es so weit. Zurück in Deutschland, juckt es den Heimkehrer, die eigenen Ideen schnellstmöglich in die Tat umzusetzen. Vom englischen Stil angeregt, »der unserm Grade der Zivilisation beinahe um ein Jahrhundert vorausgeeilt ist«, lässt er als Erstes das Muskauer Schloss nach englischem Vorbild umgestalten. Die Dienerschaft hat künftig Perücke und adrette Livree zu tragen, englische Jockeys versorgen und reiten die mitgebrachten Rassepferde.

Bevor der parkomanisch Infizierte am 15. Mai endlich mit seinem Lieblingsprojekt, der Gestaltung eines naturidealisierenden Gartenreichs, loslegen kann, muss er sich mit der veränderten gesellschaftspolitischen Situation auseinanderzusetzen, die ihm seine Pläne nicht gerade erleichtern. Als Ergebnis des Wiener Kongresses fällt der nördliche und östliche Teil der Oberlausitz zur Strafe für Sachsens Treue zu Napoleon an Brandenburg-Preußen. Das hat grundlegende Folgen für die soziale Ordnung. Ab sofort gelten die Preußischen Reformen. Die Standesrechte gehen verloren. Infolge der Befreiung der Bauern aus der Leibeigenschaft wird die Landwirtschaft komplett umgewälzt. Jahrelange Prozesse und unentwirrbare Verstrickungen um Besitzverhältnisse führen manch gutmütigen Gutsherrn und so manche tüchtige Landwirtin in den Ruin. Der Gutsherr von Muskau ist durch seinen umfangreichen Besitz von der Reform stark betroffen und jammert. Noch zehn Jahre später wird Pückler über die erlittenen Verluste verärgert schreiben: »Als der liebe Gott mich preußisch werden ließ, wandte er sein Antlitz von mir.«

Die Muskauer Landesverschönerung

Trotz aller Widrigkeiten durch die veränderten sozialen Strukturen in der neupreußischen Lausitz erlässt der visionäre Graf am 1. Mai 1815 einen Aufruf zur Anlegung eines Parks, in dem er die Bevölkerung bittet, ihn »gegen vernünftige Bedingungen« mit der Abtretung von Land in seiner Idee zu unterstützen. Für seine Pläne benötigt er nicht nur üppige Geldmittel, sondern ein riesiges zusammenhängendes Areal. Als Ausgleich verspricht er den Bürgern von Muskau den Bau eines Rathauses, ein neues Stadttor und die Finanzierung eines Schützenhauses. Geschenkt haben will er nichts. Mit dem Aufruf »An die Bewohner Muskaus« verknüpft der 35-Jährige das Gesellschaftskonzept vom guten, für seine treuen Landeskinder sorgenden Oberhaupt mit den eigenen Interessen, die denen eines egomanischen spätabsolutistischen Feudalherrn entsprechen. Und tatsächlich lassen ihn die Muskauer Bürger nicht im Stich, obwohl sie den Plänen des exzentrischen Grafen im Dandy-Gewand, der verspricht, in Zukunft seine Einkünfte zu teilen und mehr Zeit in Muskau zu verbringen, um »selbst für die Wohlfahrt meiner guten Bürger und Unterthanen mit väterlicher Obhut wachen zu können«, skeptisch gegenüberstehen. »Der aus diesem Anlass wiederholt gebrauchte Bibelspruch vom Pfund, das man nicht vergraben sollte, bedeutet für ihn zweierlei: seine als göttliche Gnadengabe empfangenen Talente zu nutzen, um dadurch das eigene Ich zu lieben, und einhergehend damit auch die Verpflichtung, mit den vorhandenen Mitteln einen Beitrag zur Verbesserung der Menschenwelt insgesamt zu leisten.« (Jacob, 2016) Pückler sieht sich in der Rolle des verantwortungsvollen Brotherrn, der für das Wohl seiner Bürger zu sorgen hat und mit zeittypischer Überheblichkeit glaubt, diese durch die Mitarbeit an seinem Kunstwerk »zivilisieren« zu können. »Stolz betont Pückler immer, daß er genußreich das Angenehme mit dem sozial und kulturell Nützlichen verband. Künstlerisches Schaffen hatte Vorrang vor der wirtschaftlichen Nutzung« (Jelaffke, 1993) – sehr zum Leidwesen seines gewieften Verwalters Leopold Schefer, der sich immer wieder dafür einsetzt, preußische Emanzipation mit den Ansprüchen des Grafen in Einklang zu bringen und die Kosten nicht explodieren zu lassen.

Als Pückler mit seiner »Lieblingsneigung« beginnt, ist die Finanzierung der umfangreichen Landesverschönerung längst noch nicht in trockenen Tüchern. Zu diesem Zeitpunkt weiß er lediglich, dass er sich an der Landschafsgärtnerei nach dem Vorbild Englands versuchen möchte, »wenngleich ohne sklavische Nachahmung, sondern mehr im Geiste als in der Form, und stets der Oertlichkeit angemessen«.

Voller Enthusiasmus macht sich Pückler ab dem Sommer 1815 an die Verschönerung von Mutter Erde und wird in den nächsten 35 Jahren eine Residenz an der Neiße erschaffen, die heute als Parkkunstwerk von europäischem Rang gilt. Der Parkomane, der mit seiner Arbeit die Tätigkeit des Gärtnerns als erster Deutscher auf ein höheres Niveau hebt, lässt keinen Stein auf dem anderen. Kraft seiner Synthese aus Herrschaftsanspruch, Reformgeist, Kreativität und »pädagogischem Elan« (die Einwohnerschaft soll erzogen werden!) entsteht etwas völlig Neues, das in keine Schublade passt und aus heutiger Sicht am besten mit dem überstrapazierten Begriff Gesamtkunstwerk charakterisierbar ist. Die Pläne des Grafen sind gewaltig. Sie umfassen nicht nur alles, was grünt, blüht und sprießt, sondern auch einschneidende Baumaßnahmen am Schloss, den Neubau von Siedlungen und gewerblichen Anlagen sowie den Betrieb eines Kurbads. Der Graf legt großen Wert auf eine innige Verbindung zwischen Schloss und Park: »In hohem Grade wichtig ist es, daß Gebäude immer im Charakter der Landschaft erscheinen, mit der sie verwebt sind ...« Alles soll natürlich wirken und ist doch künstlich angelegt. »Der Park soll nur den Charakter der freien Natur und Landschaft haben, die Hand des Menschen also wenig sichtbar sein«, erklärt Pückler, dessen Grundidee es ist, »aus dem Ganzen der landschaftlichen Natur ein concentrirtes Bild, eine solche Natur im Kleinen als poetisches Ideal zu schaffen«.

Der Projektentwickler geht strukturiert vor, Abschnitt für Abschnitt. Zunächst steckt er die Wege ab, seiner eigenen Anschauung vertrauend unter Berücksichtigung der natürlichen Gegebenheiten, dann geht es ans Stutzen und Ausdünnen der Sträucher und Baumgruppen. Pückler lässt Sümpfe trockenlegen, Tonnen von Steinen bewegen, Felder und Weiden einebnen, Bäche, Flüsse und Teiche anlegen. Ein Dorf, das seinen Plänen im Wege steht, lässt er niederreißen und dessen Bewohner umsiedeln. Mauern, die den ungehinderten Ausblick

Schloss Muskau Mitte des 19. Jahrhunderts

von der Lindenallee auf das Schloss, den zentralen architektonischen Bestandteil des Parks, versperren, werden rücksichtslos entfernt. Leopold Schefer, der sich immer wieder in der Rolle der Spaßbremse wiederfindet, kann in düsteren Momenten wegen der erdrückenden Schulden des »Wahnsinnsplans« nur die Hände über dem Kopf zusammenschlagen. Aufwendig und mühsam lässt Pückler den unfruchtbaren Sandboden und die tiefen Sümpfe in Rasen- und Wiesenflächen umwandeln. Der Initiator schreckt auch nicht davor zurück, Kiefern abzuholzen und neue, freistehende, hochwachsende Bäume pflanzen zu lassen. Altehrwürdige Eichen integriert er in die Uferlandschaft der Neiße. Der im polnischen Parkteil zu bewundernde Stumpf der besonders mächtigen »Hermannseiche«, die vermutlich nach seinem Großvater Graf Hermann von Callenberg benannt wurde, zeugt auch heute noch von Pücklers Aktivitäten. Was die – als unmöglich geltende – Verpflanzung von Bäumen und die Verbesserung des nährstoffarmen Sandbodens betrifft, so schaut sich Pückler manches von den Engländern ab. Besonders inspirieren lässt er sich von Sir Henry Steuart, dessen Fachbuch »The Planter's Guide« er 1828 in London erworben hat. Die eigens für den Transport konstruierte Baumverpflanzungsmaschine benötigt zwölf starke Männer und zwei Pferde, die den Langbaumwagen ziehen, der – um die Rinde nicht zu verletzen – mit einem galgenartigen, ledergepolsterten Gerüst versehen ist. Da die meisten Gehölze, Fichten oder Blutbuchen, eine Höhe von sechs bis zehn Metern haben, ist der Transport ein mühsames Unterfangen.

So kompliziert die gigantische Aufgabe der Parkgestaltung erscheint, so konzentriert geht ihr Gestalter vor, wenn es auch »den Urplan, die geniale, über Jahrzehnte verfolgte Parkvision nie gab. Eine solche Vision ist eine Chimäre«, behauptet der Muskauer Parkdirektor Cord Panning, »die Pückler im Zuge seiner perfekten künstlerischen Selbstinszenierung erfunden hat und welcher im Zuge nicht abreißender Neuinterpretationen der Kunstgeschichte bis heute nachgehangen wird. Vielmehr«, so der Parkdirektor, entschließt sich »der nach dem Wiener Kongress zum ›Neupreußen‹ gewordene Titularfürst mit klarem Kalkül das vorherrschende Vakuum in der preußischen Gartengestaltung zu nutzen, um sich als ›fashionabler‹ Künstler ersten Ranges zu profilieren.« (Panning, 2016)

Trotz seiner Besessenheit von der großen Aufgabe und

dem lustvollen Dirigieren seines Gärtnertrupps fühlt sich Pückler keineswegs ausschließlich seiner Scholle verpflichtet. »Seltsamerweise, aber psychologisch zu verstehen, verband Hermann seit seiner Jugend eine Haßliebe mit Muskau. Persönlichen Besitz empfand er beinahe als Last.« (Jelaffke, 1993) Den Genüssen des Lebens stets zugetan, legt der Großgrundbesitzer viel Wert auf einen Lebensstil, der seiner Vorstellung von Annehmlichkeit und Geselligkeit entspricht. Neben nervenkitzelnden Veranstaltungen wie etwa einer gruseligen Übernachtung in der Gruft seiner Ahnen oder ein Souper auf schwarzen Leichentüchern gehören extravagante Kleidung, der Genuss feiner Speisen und erlesener Weine zu seinem Lebensstil. Denn dass der feine Herr trotz Schuldenlasten nicht auf die Butter aus Holstein, die Gänseleberpaste aus Toulouse und die Konfitüren aus Paris verzichtet, steht außer Frage.

Es ist wenig verwunderlich, dass der Graf den Verlockungen im mondänen Berlin auf Dauer nicht widerstehen kann – die Großstadt lockt mit ihren Möglichkeiten. Vergnügungen wie eine Ballonfahrt mit dem Luftschiffer Gottfried Reichard im Oktober 1816, eine Wette, der zuliebe Pückler von Zehlendorf bis zum Brandenburger Tor mit seinem Pferd Sprightly in nur dreißig Minuten galoppiert, oder eine Kutschfahrt mit einem regennassen Geistlichen, dem er Frauenkleidung aufschwatzt, erheitern sein Gemüt und verdrängen vorübergehend alle finanziellen Sorgen. Gut gelaunt lässt der Dandy die eigenen Pferde auf den Rennbahnen Berlins laufen, speist bei Lutter & Wegner oder flirtet als charmanter »Homme à Femmes« mit wechselnden Damen.

Besonders bewundert wird »Graf Hirsch«, wie man ihn bald wegen seiner Kutschfahrten im Hirschgespann auf der Straße Unter den Linden zu nennen pflegt, von drei Damen der gehobenen Gesellschaft: der vierzigjährigen Reichsgräfin Lucie von Pappenheim, geborene Hardenberg, ihrer zwanzigjährigen, nicht minder attraktiven Tochter Adelheid und der wenig jüngeren Pflegetochter Helmine, der aufgrund ihrer geheimnisvollen Herkunft eine besondere Ausstrahlung anhaftet. Pücklers Imponiergehabe vor dem »Café Kranzler« inklusive blau-gold verzierter Karosse, gezähmter Hirsche und Aufmerksamkeiten für die Damen verfehlt seine Wirkung nicht. Pückler flirtet mit allen dreien. Als der ledige Dreißigjährige ein Auge auf die älteste der Pappenheimerinnen wirft, ist das Jammern bei den Jungen groß. Der Verdacht liegt nahe, dass die Anziehungskraft der neun Jahre Älteren nicht auf reiner Erotik beruht, sondern der Freier berechnend agiert. Denn nach katastrophalen Missernten, geringen Einkünften und einer fortscheidenden Verelendung seiner Ländereien sieht der Elegant seine Aufgabe vordringlich in der Geldbeschaffung. Mit der appetitlichen, unangepassten und von ihrem Mann getrennt lebenden Blondine, die ein gut geschnittenes Profil, eine feine Nase und strahlend blaue Augen vorweisen kann, würde Pückler einen guten Fang machen. Lucia Anna Wilhelmine Christina Gräfin von Hardenberg-Reventlow, wie ihr Geburtsname lautet, als sie am 9. April 1776 als zweites Kind von Karl August Fürst von Hardenberg und seiner 17-jährigen dänischen Gattin das Licht der Welt erblickt, ist nicht nur weltgewandt, humorvoll und gebildet, sondern ausgesprochen wohlhabend und den höchsten Kreisen zugehörig. Den mächtigen Schwiegervater im Hintergrund zu wissen findet Pückler auch nicht verkehrt. Die Verbandelung mit ihm macht Hoffnung, der sehnlichst gewünschten diplomatischen Karriere ein kleines Stück näher zu rücken.

Mag die anfängliche Beziehung zwischen Lucie und Pückler wenig mit unseren Vorstellungen von knisternder, romantischer Verliebtheit zu tun haben, finden sich doch zwei Seelenverwandte, die nahezu vier Jahrzehnte in einer ungewöhnlichen Partnerschaft durchs Leben gehen. Nach der Scheidung Lucies von ihrem ersten Mann, dem Reichsgrafen Karl Theodor Friedrich zu Pappenheim, heiraten die beiden 1817, wobei der exaltierte Gatte Pückler von Anfang an klarstellt, dass eine Ehe weitere Liebesabenteuer keineswegs ausschließt. Allerdings gilt dieses Prinzip nur für ihn selbst. Während er stets die eigenen Bedürfnisse und Gelüste über konventionelle Moralvorstellungen stellt, erwartet er von seiner Ehefrau unbedingte Treue.

Dass sich der große Verführer, der auf Unabhängigkeit und erotische Freiheiten nicht verzichten mag, auch Lucies Tochter Adelheid intim genähert hat, ist unwahrscheinlich. Anders verhält es sich mit der schönen Ziehtochter, denn er vermerkt in seinem Tagebuch über ein Treffen mit ihr: »süße Schäferstunde, lieblicher und feuriger, als sie sonst wohl zu sein pflegt«. Das Verhältnis mit Helmine wird 15 Jahre andauern.

Viel warme Luft um nichts?

Exkurs: Pückler und die Frauen

Fürst Pückler und seine Frauen – ein weites Feld, heißt es. »Unzählbar ist die Anzahl der Frauen, die er beglückt oder ins Unglück stürzt, mit ihnen eine einzelne Nacht verlebt oder einen Briefwechsel anknüpft, der sich über Jahre hinziehen kann«, schreibt Heinz Ohff. Ein immer wieder gern zitiertes Statement und fast schon geflügeltes Wort lautet, dass er »mehr Frauen als Casanova und Jupiter (oder Don Juan) zusammen« gehabt haben soll. Dabei ist bei kritischer Betrachtung eigentlich nur sicher, dass es dem Fürsten gelungen ist, sich einen Ruf als unersättlicher Liebhaber zuzulegen, vor dem weder die schöne Köchin im Spreewald noch die Hamburger Mestizin oder das hübsche Zimmermädchen Marie von Tarbes sicher waren. Besieht man sich das »weite Feld« genauer, so offenbart sich schnell ein überschaubares Beet mit einer limitierten Anzahl von Pflänzchen – neben Lucie und Machbuba, die eine Sonderstellung in Pücklers Leben einnehmen, gibt es etwa acht ernsthaftere Frauenbekanntschaften. Pücklers vollmundiges Credo Amandi »Alle Liebe ist egoistisch, wenigstens die irdische, und am Ende wird der liebe Gott sich auch selbst noch lieber haben als uns« darf mit gehöriger Skepsis betrachtet werden. Pückler-Forscher der jüngeren Zeit kommen zunehmend zu dem Schluss, dass es sich um mehr Schein als

Sein handelte, sich seine zahlreichen Amouren eher auf dem Papier als in der Realität abspielten. Denn Pückler nahm es mit der Wahrheit um der Dichtung willen nicht so genau, er »verklärte die Wahrheit zur Illusion und erklärte die Illusion zur Wahrheit; wir können ihm nie so recht glauben« (Friedrich, 2010).

Dass der hochadelige Exzentriker sein Herz gern an Frauen hängte und diese das ihre an ihn, steht dabei außer Frage. Geht es jedoch um handfeste sexuelle Eskapaden, sind erhebliche Zweifel an seiner Leistungsfähigkeit angebracht. Der Leser einer Biographie Pücklers wird sich bei der schwindelerregenden Aufzählung dessen intimer Frauenbekanntschaften, die in diesem Buch nur in den relevantesten Fällen erwähnt werden sollen, die Frage stellen, warum der Fürst keinen Nachwuchs hinterließ, weder einen Sohn noch eine Tochter. So scheint es 1985 auch dem renommierten Hamburger Soziologen-Ehepaar Bettina und Lars Clausen gegangen zu sein, das erstmals die Hypothese formulierte, dass Fürst Pückler impotent gewesen sein könnte. Der Photograph Thomas Kläber mutmaßt 2006: »Die Frauen sind seine perfekteste Inszenierung und ein großangelegtes Täuschungsmanöver, denn möglicherweise reichte seine Manneskraft lediglich für die Phantasie.« Mögliche Gründe und Belege für die Impotenz Pücklers stellt der Kulturhistoriker Bernd-Ingo Friedrich in seinem Bändchen »Hat er? Oder hat er nicht?« überzeugend zusammen. Gewisse Skepsis bleibt bestehen. Wer will nach 150 Jahren wissen, was damals stattgefunden hat, welche Geheimnisse der manipulative Pückler mit ins Grab nahm und welche Anekdoten in den Nachfolgegenerationen fehlinterpretiert oder hinzugedichtet worden sind? Denn alles, was über Pücklers Intimleben bekannt ist, stammt aus seiner eigenen Feder, niemals von anderen Zeitgenossen. Sowohl nachdenklich stimmende Briefzeilen als auch eine durchdachte Erbfolgeregelung und eine verschleierte biographische Lücke könnten Indizien für Pücklers Wissen um die eigene Zeugungsunfähigkeit und für eine geheimnisvolle Erkrankung in seiner Jugend sein, die möglicherweise eine Impotentia cœundi zur Folge hatte. In einem Brief an Lucie vom 26. Juni 1817 heißt es: »Ich bin verdorben, zur thierischen Natur herabgezwungen, zum niedrigsten Egoismus herabgewürdigt, seit ich des guten Engels Nähe von mir wies …« Auch die Formulierung »Zum zweiten Male raubte mir eine selbstverschuldete Krankheit hier den Hauptgewinn …« untermauert die These der Impotenz. Besonders aussagekräftig ist eine Briefstelle aus dem Nachlass des Fürsten: »Bekannt sey, daß ich in Folge einer Krankheit keine Kinder mehr zeugen könne …« Aber auch die frühzeitig getroffene Entscheidung, den Nachwuchs seiner Schwester Agnes als Erben einzusetzen, um die Pückler'sche Linie in der Erbfolge zu sichern, macht stutzig. Ebenso nachdenklich stimmt die Tatsache, dass im sonst so sorgsam dokumentierten Lebenslauf Pücklers eine empfindliche Lücke von anderthalb Jahren, von Dezember 1804 bis Juni 1806, klafft. Die Leerstelle könnte darauf hinweisen, dass »er in Zurückgezogenheit womöglich die Folgen einer Krankheit oder sonst einer Beschädigung ausheilte« (Friedrich, 2010). Ob tatsächlich eine »galante Krankheit« Pücklers unersättliches erotisches Begehren in eine Seifenblase voll unerfüllter Sehnsucht verwandelte, bleibt im Bereich der Spekulation.

Darüber, dass »sämtliche erotischen Bestandsaufnahmen allenfalls auf ein knappes Dutzend Geliebte kommen«, zeigt sich Bernd-Ingo Friedrich irritiert. »Herzlich wenig für einen Don Juan, Casanova, Jupiter oder alle drei zusammen«, meint er und weist auf »das gänzliche Fehlen von Preisungen des Frauenkörpers« in Pücklers Tagebüchern und Briefen hin. Es werden keine üppigen Brüste, weichen Schenkel, festen Hinterteile, sanften Hügel oder verführerischen Lustgrotten bedichtet, »seine Frauen sind jenseits der Erotik« (Friedrich 2010). Diese überraschende Zurückhaltung in den von Ausschmückungen reichen Schriften des sonst so wortgewandten Fürsten ist auffällig und verstärkt den Verdacht, dass er vor Frauen immer wieder flieht, wenn auf Worte und Gesten Taten folgen sollen. Denn eines ist sicher: Pückler ist Galan, Charmeur und Herzensbrecher. Nur eines fehlt ihm: die Gabe, sich zu binden, sich zu entscheiden. Beständigkeit ist nicht Teil seines Daseins.

Pückler ist ein Mann, der neben der vermeintlichen Erotik den warmherzigen und intellektuellen Austausch mit seinen weiblichen Bekanntschaften zu schätzen weiß. Ludmilla Assing, Pücklers erste Biographin, schreibt: »In seinem weiten Herzen fand eine wahrhaft demokratische Gleichberechtigung Raum. Diademgeschmückte Fürstinnen, Prinzessinnen, Gräfinnen, Hoffräulein, Künstlerinnen, bürgerliche Kleinstädterinnen und elegante Weltdamen, Zofen und Mädchen aus dem Volke, Schöne und Hässliche, Alte und Junge lockte er gleichmäßig in seine Zaubernetze, und zwar zu allen Zeiten seines Daseins vom Beginn seiner Laufbahn als junger, glänzender Offizier sowie als Alter vom Berge mit dem Silberhaar ...« Hermann von Pücklers (angebliche) Liebeseskapaden, von denen es bis ins hohe Alter reichlich geben wird, zerplatzen schnell – nur Lucie bleibt. Dabei bewahrt er stets eine eigentümliche, klinische Distanz zu allen Herzensangelegenheiten, verliert nie ganz die Kontrolle über die Leidenschaft für das weibliche Geschlecht. Der Aristokrat bleibt ein ewig Suchender, dessen sanfte Gefühle und gute Stimmung sprunghaft schnell in sprühende Schärfe umschlagen können. Diese wankelmütigen Launen zeigen auch im Liebesleben Wirkung. »Don Juan und Mephisto wechselten ab, wie man eine Hand umdreht« (Laube, 1875–82), beobachtet der Dramatiker Heinrich Laube bei seinem Aufenthalt in Branitz am Verhalten seines Gastgebers.

Die Ehe mit Lucie gehört, wie sich herausstellen wird, zu den vernünftigen Entscheidungen in seinem langen Leben. Lucie wird für den Abenteurer zur treuen Ratgeberin und zuverlässigen Partnerin. Mit ihr geht er buchstäblich durch dick und dünn, obwohl Erotik und Sexualität im Lebensbündnis der beiden so gut wie keine Rolle spielen. Ihre Beziehung ist aus anderem Holz geschnitzt, beruht auf gegenseitiger Wertschätzung und gemeinsamen Vorstellungen, nicht auf körperlicher Anziehungskraft und vergänglichen Zärtlichkeiten. Von Lucie empfängt Pückler, was er bisher nicht kennt: Nestwärme und bedingungslose, konstante Zuneigung. »Aus der Konvenienzheirat wächst im Laufe der Zeit eine Kameradschaftsehe« (Ohff, 1991), die von einer wechselseitigen, gefühlsbetonten Zuneigung geprägt ist. Dabei ist »Lou«, wie Lucie den Angebeteten liebevoll nennt, nicht zimperlich im Umgang mit der von ihm zärtlich betitelten »Schnucke«. Mit seinen Affären hält Pückler nie hinterm Berg. Die beiden gegenseitigen Kosenamen »Schnucke« und »Lou«, Schaf und Wolf, unterstreichen die Rolle des anderen. Pückler beharrte von Anfang an auf seine Freiheit und bezeichnet sich 1830 in einem Brief an sein »Schnückchen« selbst als Tyrannen. Er erzählt ungeniert, manchmal unverschämt von neuen Eroberungen und erotischen Eskapaden. Wie die notorische Schuldenmacherei gehören sexuelle Abenteuer (oder die Fassade davon) zu seinem Leben.

Lucie fügt sich aufopferungsvoll in die Rolle der Beicht- und Ersatzmutter, tritt bereitwillig in den Hintergrund und erträgt geduldig Demütigungen und Seitensprünge. Anders ist ihre bedingungslose Treue und die Feststellung, dass sie ihm ihr »ganzes Glück verdanke« und ihn »über alles achte und liebe« (Heilmeyer, 2016), gar nicht möglich. Nur ein einziges Mal, als der Orientreisende 1838 mit der jugendlichen Geliebten Machbuba aus Ägypten zurückkehrt, gerät ihr gefestigtes Fundament ins Wanken. Mit ihrem geliebten Mann, der nicht davor zurückschreckt, sie hin und wieder mit »Mutter« oder »Mammeli« anzusprechen, teilt sie nicht nur die Neigung zum verschwenderischen Luxus, sondern findet in ihm auch einen »Seelenverwandten«, einen ebenbürtigen Partner in ihrer Begeisterung für die Gartenkunst.

Ehefrau Lucie

Als sich Lucie und Hermann in Berlin kennenlernen, müssen noch einige Hürden überwunden werden, bis die beiden im Oktober 1817 vor den Traualtar in Muskau treten können. Die Scheidung ihrer ersten, unglücklichen Ehe mit Karl Theodor von Pappenheim, der ihr zeitlebens gewogen bleibt, muss Lucie noch über die Bühne bringen, melancholische Verstimmungen und depressive Schübe des Bräutigams, den wohl die Furcht vor ehelichem Zwang erfasst, müssen überwunden werden. Außerdem treibt den jungen Graf die Sorge um Muskau um, da er sich ängstigt, den Ansprüchen seiner Zukünftigen nicht zu genügen. Ein Heer von Berliner Handwerkern arbeitet auf Hochtouren am Schloss, allein zweihundert Arbeiter sind im Park beschäftigt, um ihr einen standesgemäßen Sitz zu bieten. Um Lucie Muskau schmackhaft zu präsentieren, beginnt Pückler zunächst nördlich des Schlosses mit der Anlage des Schnuckentals, eines idyllischen, von Blumen umsäumten und von grasenden Schafen beweideten Wiesengrunds, der von einem kleinen Aussichtspavillon gekrönt wird. Die »Herzensschnucke« beobachtet interessiert aus der Ferne, was ihr »Lou« treibt, und lässt sich durch den täglichen Briefwechsel vom »Gartenvirus« anstecken. Schon vor der Hochzeit dient sie ihrem Zukünftigen als »Kommissionär«. Material und Löhne, Parkett, Möbel, Stoffe und Kunstwerke, Porzellan und Silber, all das muss bezahlt werden, und da Pückler mal wieder nicht weiß, womit, kommt Lucies Reichtum gerade recht. Großmütig stellt sie ihm Geldmittel für die Spiegelscheiben aus Boppard am Rhein, Lampen und Klingelschnüre aus Hamburg, Teppiche aus England, Kristall aus Paris und Möbel aus Frankfurt am Main zur Verfügung. Misstrauisch wegen der ständigen Vorschüsse, schaltet sich ihr Vermögensverwalter Sigismund Dehn ein. Der besorgte ehemalige Bankier begibt sich sogar selbst nach Muskau, um sich ein Bild von der Lage vor Ort zu verschaffen. Das Brautpaar, verärgert über die Bevormundung, verschwört sich gegen den Geist der Vernunft und spielt dem »Schulmeister von Korinth« wie in einer Posse die Rolle der jungen Verschwender vor. Verwirrt darüber, was hier Dichtung und was Wahrheit ist, reist der tüchtige Verwalter schnell wieder ab.

Wenige Tage vor der Hochzeit zieht Lucie in Muskau ein. Die Bevölkerung empfängt sie am 9. Oktober mit großer Freude und Respekt. Die Zeremonie selbst, der Pückler nicht viel abgewinnen kann, wird, wie er vermerkt, durch ein »höchst lächerliches Subjekt« von einem Pfarrer durchgeführt. Damit sieht sich der Bräutigam in seinen Vorurteilen über bürgerliche Sitten und Bräuche bestätigt. Erleichterung empfindet er über Lucies Begeisterung für ihren neuen Wohnsitz. Die üppige Landschaft, die gestaltete Parkanlage, Ruhe und Stille, all die Reize der Lausitzer Provinz ziehen sie in ihren Bann. Langfristig wächst sie in die Rolle der »unumschränkten Gebitherin« (Heilmeyer, 2016) des weitläufigen Terrains an der Neiße hinein, versteht es, mit Geschmack die Geschäfte zu führen. Die häufig als bequem charakterisierte Tochter aus gutem Hause findet in Muskau einen Lebensinhalt. Die ständige Abwesenheit Pücklers lässt die ewig Wartende, im Hintergrund Agierende an Selbstwert gewinnen, was in gestalterische Beteiligung vor Ort mündet. Dabei handelt sie durchaus selbstbewusst, wenn es darum geht, eigene Ideen und Wünsche einfließen zu lassen. So ist ihr beispielsweise der Bau eines Kurbades zu verdanken, dessen gesundes, eisenhaltiges Mineralwasser als Einnahmequelle genutzt werden soll.

Im Vergleich zu ihrem Ehemann ist Lucie pragmatischer, bodenständiger und ausdauernder. Pückler, der es versteht, durch seine ewigen Reisen den alltäglichen Problemen aus dem Weg zu gehen, und sich selbstverliebt in theoretische Visionen flüchtet, ist für den kontinuierlichen Landesverschönerungsprozess nur bedingt geeignet, wie er selbst feststellt. »Bilder zu machen, ist Dein Lou auf jedem Wege stets bereit, sie aber auszuführen, ist ein ganz anderes Ding!« Ohne Lucies Zutun wäre das Werk Pücklers kaum so bedeutend geworden, wie es sich heute darstellt. Ihrem beträchtlichen ideellen und finanziellen Beitrag ist es zu verdanken, dass die umfangreiche und kostspielige Gesamtkonzeption Stück für Stück verwirklicht werden konnte, wenn auch ihr Name kaum einmal auftaucht und ein persönliches Stilmerkmal nicht zu finden ist.

Eine verspätete Hochzeitsreise im Frühjahr 1818 führt das junge Paar nach Paris. Der Aufenthalt gerät zur Tortur. Pückler, der aus seinem Herzen niemals eine Mördergrube macht, hält nicht hinter dem Berg damit, dass er sich nach der jungen Helmine verzehrt, und in der Frischangetrauten – wer kann ihr das verdenken – keimt die Eifersucht auf. Schonungslos brutal erklärt der Standesherr, dass er Lucie gegenüber keine Liebe empfindet: »... hättest Du auch neben allen Deinen übrigen Vorzügen die Jugend und Schönheit in dem Grade, wie Du sie einst besaßest, so würde ich Dich vielleicht in jeder Hinsicht mit Leidenschaft lieben, vielleicht auch nicht, vielleicht nur einseitig. Wer kennt des Menschen Herz!«

Um auf andere Gedanken zu kommen und sich abzulenken, kurbelt der Standesherr Pläne für eine diplomatische Karriere an. Zu gern möchte er auf einen Posten in Konstantinopel berufen werden. Auf einem Diplomatenkongress im Herbst 1818 in Aachen, der die Rückkehr Frankreichs nach der napoleonischen Herrschaft in den Bund der Großmächte zum Ziel hat, wittert er eine Chance, sich ins Gespräch zu bringen. Doch vor Ort sieht man ihn erstaunlich wenig mit politischen Interessen befasst, sondern erlebt ihn als unersättlichen Schürzenjäger. Charmant und wortgewandt, gepflegt und elegant, in feiner Hose, kurzer Weste und weißem Hemd spielt Pückler seine Paraderolle als Dandy, der weder Festivität noch Geselligkeit auslässt, um sie als Bühne seiner Verführungskunst zu nutzen. Der Eitle schreckt auch nicht davor zurück, sich von einem französischen Friseur das früh ergraute Haar schwarz färben zu lassen, und sieht, seiner Meinung nach, anschließend zehn Jahre jünger aus. Diese leidvolle Prozedur, die ihm wiederholt Erkältungen (ein Dauerleiden bei Pückler) einbringt, ist ein zeitaufwendiges Unterfangen, das er trotz aller Unannehmlichkeiten bis ins hohe Alter fortführt. Dass er mit der schwarzen Haarpracht durchaus Wirkung auf die Damenwelt hat, zeigt seine ansehnliche Bilanz des Aachener Aufenthalts: Neben einer vertraulichen Bekanntschaft mit Lady Castlereagh aus London, »die mit ihrem tiefen Organ, ihrer kolossalen Gestalt, ihrem ungeheuren Busen« Eindruck auf ihn macht, und einem Wiedersehen mit seiner alten Liebe Madame Alopäus, die wenig Rost angesetzt zu haben scheint, zählt er noch vier hübsche Pariserinnen zu den Eroberungen dieser Wochen. Und wieder wird auch Lucie über seine amourösen Abenteuer in Kenntnis gesetzt. Die Eheleute schreiben sich täglich. Pückler lädt alle Sorgen und Nöte, jeden Schnupfen und jedes Kopfweh bei der »Herzensschnucke« ab. Ungeniert berichtet er von seinen Beschwerden und jammert, wenn Lucie nicht binnen drei Tagen antwortet.

In Aachen gelingt es Pückler zum ersten Mal, den ihm gegenüber reserviert auftretenden Schwiegervater, Staatskanzler Hardenberg, für sich zu gewinnen. Den Kontakt zu seiner Tochter hatte er aus Ärger über ihre Scheidung fast gänzlich abgebrochen. Pücklers praktische Hilfestellung bei der Verbannung seiner ihm überdrüssig gewordenen Ehefrau bewirkt, dass der dankbare Hardenberg ihm 1822 zum Titel des Fürsten verhilft – gegen den Willen des Kronprinzen Friedrich Wilhelm, der Pückler für einen »Erz-Narren« und »schlechten Grafen« hält und darum bittet, den »Scandal« zu verhindern. Dass dem gewieften Schwiegervater mit der Titelverleihung ein kluger Schachzug gelingt und er den Schwiegersohn in eine zwiespältige Situation bringt, dürfte Pückler rückblickend aufgegangen sein. Denn der Gutsherr, der sich im Landtag lautstark im Namen der Lausitzer Großgrundbesitzer für die Rechte des besiegten Königreichs Sachsen einsetzt und über die preußische Verwaltung wettert, bemerkt bald eine gegen ihn gerichtete Stimmung, »einen Haß gegen mich, der mir auffällt, da ich gar nichts thue, was die Leute beleidigen könnte«. Dieser Hass hat seinen Ursprung in seiner Fürstung zum »Preußen mit Vorbildfunktion«. Mit der Rangerhöhung gehört Pückler künftig dem Hochadel an, jedoch ohne dass seine Standesherrschaft in ein Fürstentum umgewandelt wird. Dieses Manko wurmt ihn, und zeit seines Lebens treibt ihn der Wunsch nach Anerkennung seines hohen Standes an. Stets forciert er die Nähe zum preußischen Hof. Am erfolgreichsten ist er dabei mit seinen geschätzten Gartenkünsten, die ihn dereinst in die Kreise des späteren preußischen Herrscherpaares Wilhelm und Augusta bringen. Dass der schöne Titel nicht umsonst zu haben ist, nimmt der frisch gebackene, aber abgebrannte Fürst wenige Wochen später bestürzt zur Kenntnis, als eine Rechnung über viertausend Taler eintrifft. Es entbehrt nicht einer gewissen Ironie, dass der preußische Staat die Summe für die Unterstützung der Armen verwenden möchte, Pückler selbst aber in die Position eines »Bettelfürsten« bringt. Außerdem gibt es eine Menge Fragen in den Ministerien zu klären, die durch den Übergang der Oberlausitz an Preußen entstanden sind. Steuer-, Entschädigungs- und Hypothekenangelegenheiten, aber auch grundherrliche Rechte müssen verhandelt werden, denn das neue System verunsichert die sächsischen Großgrundbesitzer.

Das Verhältnis zwischen Lucie und Pückler wird in dieser Zeit einmal mehr auf die Probe gestellt. Die gutmütige Lucie, die zeitweise wie in der Verbannung auf Muskau lebt, muss ertragen, dass der »neue Preuße von Format« zwischen Muskau und Berlin hin- und herpendelt, da er von dem »sylphidenartigen Geschöpf« Helmine nicht lassen kann. Allen Ernstes schlägt er eine Ehe zu dritt vor, weit weg von Preußen, in Italien oder Südfrankreich, und bittet darum, die Pflegetochter nicht zu verheiraten, um sie nicht aufgeben zu müssen. Lucie und Hermann leben selten zusammen, lieber verständigt sich die widersprüchliche Lebensgemeinschaft darauf, abwechselnd zwischen der Berliner Stadtwohnung und dem Lausitzer Schloss zu pendeln. Vermutlich ist das keine schlechte Form des Zusammenlebens für das ungleiche Paar, denn sind sie zusammen, wird häufig gestritten.

Als Lucies Vater, der große Reformer Hardenberg, im November 1822 in Genua stirbt, hinterlässt er statt eines Geldsegens beträchtliche Schulden – manche Quellen behaupten, seine Mätresse, eine skrupellose Bäckerstochter, habe sich sein Vermögen unter den Nagel gerissen. Im verschwenderischen Umgang mit Geld glich er Tochter und Schwiegersohn. Pückler zeigt sich enttäuscht. Seine finanzielle Lage ist dramatisch, Lucies Mitgift, etwa hunderttausend Taler, ist längst aufgebraucht. Die jährlichen Ausgaben betragen vierzig- bis fünfzigtausend Taler, die Einkünfte hingegen nur zwölftausend Taler. Auch der Traum von der Diplomatenkarriere im Orient oder einem Posten in Madrid oder Paris ist ausgeträumt. Der Schwiegervater hat sich dabei als wenig hilfsbereit erwiesen, denn ihm war mehr daran gelegen, den als Lebemann bekannten Schwiegersohn in der Lausitz zu wissen, als ihn auf einen hochpolitischen Posten zu schicken. Pückler verfolgt den Plan der ersehnten Diplomatenlaufbahn, die ihn, wie er meint, aller Sorgen enthoben hätte, noch jahrelang, bis dieser schließlich endgültig scheitert.

Hauptthema für den Fürsten ist und bleibt das leidige Thema der Geldbeschaffung. Wo immer Pückler sich aufhält, betreibt er die Suche nach Finanzmitteln. Trotz erdrückender Lasten verfolgt der Standesherr beharrlich seinen Traum, Muskau zu verschönern. Der Unterhalt der großen Standesherrschaft verschlingt Unsummen. Und obwohl Lucie sich zu einer respektablen »Geschäftsfrau« entwickelt, fallen sowohl horrende Lohnkosten für Arbeiter, Landwirtschaftsexperten und Gärtner als auch schwer kalkulierbare Rechnungen für Pflanzen, Samen, Holz und Steine an – nicht zu vergessen das Salär für das private Personal wie den Koch und den Konditor, die Diener und den Garteninspektor Jacob Heinrich Rehder. Der Hofgärtner, den Pückler 1817 durch eine Annonce in seinen Dienst nahm, entpuppt sich als derart loyal und zuverlässig, dass er bald zu seinem engen Vertrauten wird, der nach und nach den alten Schulfreund Schefer ersetzt, da dieser mit seiner kritischen Haltung und ewig nörgelnden Art dem Lausitzer Fürsten mächtig auf den Keks geht. Zu Rehders Unterstützung engagiert Pückler 1822 den englischen Fürst John Adey Repton, den Sohn seines Vorbilds, des Landschaftsarchitekten Humphry Repton. Allerdings weiß der junge Mann außer ein paar Verbesserungsvorschlägen keine wesentlichen Ideen beizusteuern, sodass er ohne nennenswerten Beitrag zur Gartengestaltung in seine Heimat zurückkehrt.

Anders hingegen verhält es sich mit dem berühmten Baumeister Karl Friedrich Schinkel, den Pückler vermutlich durch seinen Schwiegervater Hardenberg kennengelernt hat, für den der Architekt eine Kirche und ein Schloss umbaute. Pückler ist voller Bewunderung für Schinkels schlichte, aber vornehme Bauten und stellt sich etwas Klassisches im Stile des Meisters auch auf seinem Grundstück vor. So ist es naheliegend, den verehrten Architekten damit zu beauftragen, das Muskauer Schlossensemble aus dem 17. Jahrhundert in ein zeitgemäßes Gewand zu kleiden. Zwischen 1822 und 1826 legt Schinkel drei Entwürfe zur künstlerischen Lösung der »Muskauer Akropolis« vor. Pückler ist begeistert: »… alle Wünsche erfüllt, und das Ganze etwas bezaubernd Romantisches, gewiß ohne seines Gleichen, wenn es fertig ist.«

Das »bezaubernd Romantische« wird nicht umgesetzt. Die großen Pläne gipfeln in einem bescheidenen Endergebnis, das aus der Umwandlung des Wassergrabens in einen malerischen See und der Schaffung eines fließenden Übergangs in den Park in Form einer Rampe, einer Art »Schlossauffahrt«, besteht. Nicht zu vergessen ist der Bau einer halbrunden Exedra-Bank (1826) für den Badepark, immerhin ein praktisches, gebrauchsfähiges Ergebnis. Alles Übrige bleibt im Reich der Phantasie, wie viele weitere Muskauer Vorzeigeprojekte. Die finanzielle Situation des Fürsten erlaubt keine großen Sprünge und erst recht nicht die Umsetzung aufwendiger Schinkel'scher Pläne.

Der Fürst, der als Verantwortlicher inmitten des produktiven Mikrokosmos agiert, lernt zwangsläufig auch die Schattenseiten seiner umfangreichen Landesverschönerungsmaßnahme kennen. Rückschläge müssen verkraftet, gescheiterte Projekte ad acta gelegt werden.

Die Eröffnung von Lucies Kurbadanlage mit Trinkbrunnen (1823), die dazu beitragen sollte, die ewige Sorge ums Geld abzumildern, erweist sich als Flop. Das Thermalbad, obwohl mit Reklame beworben und vom prominenten Arzt Hufeland wie auch in Zeitungsartikeln empfohlen, kommt nicht richtig in Fahrt. Trotz Eisen-, Alaun- und Schwefelquellen will die erhoffte Geldquelle nicht sprudeln. Mit einer exotischen Spezialität aus dem Treibhaus glaubt Pückler das große Los zu ziehen. Es ist die Ananas, mit deren Zucht in seiner Schlossgärtnerei er Geld zu verdienen gedenkt. Doch das ambitionierte Unterfangen ist zum Scheitern verurteilt. Aufwand und Nutzen stehen in keinem guten Verhältnis, das Klima ist vermutlich auch nicht ideal.

Den richtigen Riecher beweist der fürstliche Gutsbesitzer mit der schlichten Entscheidung, vorhandene einträgliche Anlagen zu erneuern und weiterzubetreiben statt abzureißen. Willkommene Einnahmen bringen die Alaungruben, die Eisenhämmer zum Schmieden von Gebrauchsgütern, die Produktion von Tonwaren, Kerzen, Leinwand und Ziegeln. Stolz kann er auch auf Brauerei und Brennerei sein. Das Bier ist beliebt und wird sonntags im Park den Spaziergängern in einem englischen Cottage angeboten, seiner kranken Freundin Rahel Varnhagen von Ense schickt er zur Genesung ein Fässchen an ihr Bett. Als exzellent erweist sich auch die Glasfabrikation. Das reiche Vorkommen von Braunkohle und Quarzsand motiviert die Entscheidung zur Anlage von Glashütten. Fürst Pückler wird, wenn auch unbeabsichtigt, zum maßgeblichen Weichensteller für die spätere Entwicklung des Ortes Weißwasser und seiner berühmten Glasindustrie.

Morgens, wenn sich der Fürst in sein Schaffen versenken kann, ist er glücklich, abends stets verzweifelt beim Anblick der vielen unbezahlten Rechnungen und Mahnungen. Seine Schulden belaufen sich auf die ungeheure Summe von einer halben Million Taler – da kann man schon mal in Trübsinn und Hoffnungslosigkeit verfallen. Den Fürsten plagen trotz seiner Aktivitäten Schübe von Melancholie und lähmender Depression. Er selbst wird sich immer wieder als »Melancholicus« bezeichnen. Häufig ist ihm unwohl, Kopfschmerzen und Migräne schränken sein Handeln ein. Selbst die feierliche Eröffnung des Muskauer Parks am 23. Juni 1823, des bedeutendsten Landschaftsparks außerhalb Englands, ändert nichts an seiner schwankenden Stimmung und der düsteren Perspektive angesichts des Schuldenbergs. Der dem Luxus Frönende bezeichnet sich und seine »Schnucke« selbstkritisch als geborene Verschwender und versucht sich in selbst auferlegten Sparmaßnahmen. Er schränkt gesellige Vergnügungen wie Bälle und Diners ein, meidet Theaterbesuche und greift zu fragwürdigen Sparmethoden wie dem Drosseln der Raumtemperatur. Auch als Gourmet versucht er sich als Sparfuchs. Die Speisekarte wird drastisch gekürzt, zwei bis drei Gänge müssen weichen, der Verzehr von Austern, Kaviar sowie französischen Pasteten wird begrenzt. Auf den Tisch kommen nur noch Bouteillen von ordinärem Weißwein – eine Flasche pro Mahlzeit.

Kurz vor der endgültigen Bankrotterklärung zieht die Fürstin die Notbremse. Einen Tag nach seinem 38. Geburtstag, am 31. Oktober 1823, pickt Pückler einen Brief von seinem Schreibtisch, der ihn zu Tränen rührt. Er trägt die dramatische Überschrift »Todesurtheil der

Ärmsten auf Erden« und findet inhaltlich seine Entsprechung. Edelmütig erklärt Lucie in dem bis heute erhalten gebliebenen Dokument, dass sie »geschieden zu sein verlange«, um ihm seine Freiheit zurückzugeben, und das, obwohl »ich Dir das höchste, das einzig wahre Glück meines Lebens verdanke«. Wenn das nicht wahre Liebe ist! Dass der Fürst und die Fürstin den bizarr anmutenden, vernunftgesteuerten Notfallplan vermutlich abgesprochen haben und der Gatte beim Lesen des Briefes nicht aus allen Wolken fällt, liegt auf der Hand, wenn man weiß, dass die beiden bis in die späten Abendstunden vertrauliche Gespräche zu führen pflegen, wie »Lou« in seinem Tagebuch festhält. Man will sich trennen, um eine Basis für das weitere Zusammenleben zu finden. Denn nur eine neue Geldheirat kann die zerrütteten Finanzen in Ordnung bringen und dafür sorgen, dass der Lebensstandard auf gewohntem Niveau weitergeführt werden kann, wovon auch Lucie profitieren würde. Auch wenn diese Methode, an Geld zu gelangen, reichlich widersprüchlich anmutet, so ist sie doch nicht allzu ungewöhnlich. Viele abgebrannte adelige Kavaliere spekulieren auf reiche Erbinnen. Und viele, sehr viele tummeln sich im wohlhabenden Großbritannien, angelockt »schlicht von der Kunde von Albions reichen Töchtern« (Bowman, 2015), denn die Britischen Inseln erleben auf Grundlage vieler Erfindungen und Innovationen ihr goldenes Zeitalter und locken mit ihrem erstaunlichen Wohlstand Heiratswillige vom Festland zur Brautschau.

Wie unglücklich Lucie in Wirklichkeit über ihr selbstloses »Todesurteil« ist, zeigen Hermanns Briefe an sie. »Gute Schnucke«, heißt es da, »Du hast mich mit Dei-

Lucie von Pückler-Muskau, um 1853

nem Kummer angesteckt, früher sah ich es vernünftiger an; denn im Grunde ist doch wahrlich unter solchen Umständen eine Trennung keine, als einer nichtssagenden Form nach; aber kannst Du es nicht leichter nehmen, so bricht Dein Schmerz auch mir das Herz, und es bleibt beim Alten mit der guten, lieben Alten, der treuen Schnucke, wie keine wieder sein wird!« Es wirkt so, als ob der notorisch untreue Ehemann erst im Angesicht der Trennung merkt, was er an seiner »Schnucke« hat. Beim Scheidungsurteil stellt er klar, dass Lucie nach wie vor weisungsbefugte Herrin von Muskau bleibt und sie mit unveränderter Achtung zu behandeln sei. Die melodramatische Korrespondenz in den kommenden Jahren bescheinigt Anhänglichkeit und ein schlechtes Gewissen, vor allem aber innige Verbundenheit, die trotz Pro-forma-Scheidung im März 1826 der Schlüssel für eine lebenslange, wenn auch überwiegend räumlich getrennte Partnerschaft ist. »Es dürfte nur wenige Paare geben, die einander nach der Scheidung näher sind als während der Ehe, oder die einer Zweckheirat neun Jahre später eine Zweckscheidung folgen lassen.« (Bowman, 2015)

Von Lucie trennt sich der Mitgiftjäger am 7. September 1826 – unter Tränen, Küssen und Umarmungen. Bis Bautzen hat sie ihren »Freund«, mit dem sie die letzten Wochen wie in zweiten Flitterwochen verbracht hatte, begleitet. In seiner Abwesenheit wird sie, Hand in Hand mit dem zuverlässigen Parkinspektor Rehder, die Arbeiten in Muskau vorantreiben. Denn trotz der Eröffnung ist der Landschaftspark noch lange nicht fertig und bedarf der Anleitung und Überwachung.

Nach einem Schlenker über Weimar, wo Pückler den fidelen 77-jährigen Geheimrat von Goethe am 14. September um sechs Uhr abends unangekündigt aufsucht, begibt sich der unter Erfolgszwang Stehende nach Rotterdam. Am 20. September besteigt er das Postschiff, das ihn in einer stürmischen vierzigstündigen Überfahrt auf die Britischen Inseln bringt, wo er geschwächt von übler Seekrankheit ankommt. Im Gepäck befindet sich neben seiner aufwendigen Garderobe, die er zu seinem großen Ärger teuer verzollen muss, ein Konvolut französischer Spitzenhandschuhe. Es handelt sich um Geschenke für potenzielle Heiratskandidatinnen.

»Spouse hunting« in England

Pückler auf Brautjagd

Als der blaublütige »fortune hunter« mit dem Ziel, die Tochter eines vermögenden Geschäftsmannes an Land zu ziehen, zu seiner zweiten Englandreise aufbricht, ist er ein Mann mit vielfältigen gesellschaftlichen Verbindungen in die englische Oberschicht. Ihm eilt der nicht eben schmeichelhafte Ruf des Exzentrikers, Snobs, Salonlöwen, Paradiesvogels, Frauenliebhabers und Dandys voraus. Das macht die Suche nach einer jungen Dame aus gutem Hause mit üppiger Mitgift nicht einfach. »Heiratstouristen«, ausländische Gentlemen aus respektablem Hause im mittleren Alter mit angenehmen Manieren, gibt es damals viele. Sie verbreiten sich wie »Pilze nach dem Regen«, konstatiert 1833 die Zeitschrift FRAZER'S MAGAZINE. In den Tageszeitungen, von denen Pückler täglich vier liest, wird ihre Ankunft in London unter der Rubrik »Gesellschaftsnachrichten« registriert. In einer festen Sparte erfährt der interessierte Leser, welche Bälle die Herren besuchen und wo sie sich mit wem aufhalten. Pückler selbst wird eine Zeit lang Lieblingsobjekt der Kolumne »fashionable movements«, denn seine Person gibt reichlich Stoff für Klatsch und Tratsch.

Bei all der Konkurrenz muss der Heiratsanwärter aus der deutschen Provinz mit mehr glänzen als mit einem verführerischen Adelstitel und gepflegten Ma-

[illegible], um nicht leer auszugehen. Pückler zieht alle Register. Er punktet mit Eleganz, Ausstrahlung und besten Kontakten. Defizite wie schwache englische Sprachkenntnisse und einen zweifelhaften Ruf versucht er zu kaschieren. Seiner Position als Außenseiter kommt eines zugute: Männliche Angehörige der englischen Oberschicht kommen mit jungen Frauen kaum in Berührung. Ihre Freizeitbeschäftigung – Sport, Jagdgesellschaft, Clubwesen – ist männerbündisch organisiert; zum Ideal eines Dandys gehört eine zur Schau getragene Indifferenz gegenüber den Damen, anders gesagt, Desinteresse gegenüber ihren Wünschen und Bedürfnissen und schlechtes Benehmen. Diese gesellschaftliche Lücke kann der deutsche Gutsherr für sich nutzen, indem er mit Charme und Aufmerksamkeiten für die jungen Frauen glänzt. Die Elterngeneration hingegen, die misstrauisch gegenüber heiratswilligen Ausländern ist, überzeugt er dank seines Rufs als Frauenverführer in der Regel nicht.

Trotz knapper Kasse bezieht Pückler in London standesgemäß eine Suite im noblen Clarendon Hotel, um von dort aus ins Gesellschaftsleben der Metropole zu starten. Er geht einem festen Tagesrhythmus nach, zieht sich, ganz Dandy, drei- bis viermal am Tag um und absolviert bis zu vier Morgenvisiten – an manchen Tagen soll er gar bis zu fünfzig Visiten absolviert haben (Jelaffke, 1993). Sein Fundus an zwanzig Hemden, dreißig Halstüchern und diversen Uniformen erlaubt ihm, sich immer wieder neu zu inszenieren. Zum Frühstück erscheint er im chinesischen Schlafrock mit indischen Pantoffeln, anschließend wechselt er in einen Reitanzug mit passenden Stiefeln und Sporen, zum Diner tritt er im dunklen Frack mit blanken Schuhen auf. Der Ballanzug, Höhepunkt der Kleidungseleganz, kommt erst am späteren Abend zum Einsatz. All der Pomp und die Angeberei bewirken, dass die englischen Gazetten und die elegante Londoner Gesellschaft über den aristokratischen Snob spotten und dem stets »overdressed« auftretenden Fürsten der eine oder andere Zutritt zur feinen Gesellschaft verwehrt bleibt. Nichtsdestotrotz finden sich genügend Mitglieder der High Society, die sich mit der Gegenwart des berühmt-berüchtigten deutschen Fürsten schmücken möchten und ihm Einladungen zukommen lassen. Neugier und Sensationslust ermöglichen ihm die Teilnahme an Londoner Bällen und Festlichkeiten, die er fleißig nutzt, um alte Bekanntschaften aufzufrischen und neue zu schließen. Vom unsympathischen Herzog von Cumberland, den er schon aus Berlin kennt, über den hilfsbereiten Heinrich Freiherr von Bülow bis hin zum extravaganten König Georg IV. – Pückler findet Anschluss an die höchsten Kreise. Mit dem aus dem Hause Hannover stammenden Herrscher teilt er Genuss- und Vergnügungssucht sowie ein ausschweifendes Liebesleben, weshalb die beiden Sympathien füreinander hegen. Manch seriöser »Gentry«, wie die Angehörigen des Landadels genannt werden, lädt ihn auf seinen Landsitz ein. Pücklers Kompetenz in der Landschaftsgestaltung hat sich dank diverser Zeitschriftenbeiträge bis England herumgesprochen. Beim gemeinsamen Spaziergang durch den Park kann er sein Wissen unter Beweis stellen.

Mondän gekleidet, die ergrauten Haare schwarz gefärbt, wortgewandt und charmant, kann der gut aussehende Lausitzer Gutsherr nicht verhindern, dass er, selbst Befürworter der Meinungsfreiheit, von den Karikaturisten des Landes auf die Schippe genommen wird. Dank des liberalen Klimas in England boomt die Arbeit von politischen Satirikern und sozialkritischen Zeichnern. Für sie ist nicht nur der unbeliebte verfettete König, der in verschiedensten Varianten dickbäuchig inmitten seiner Mätressen karikiert wird, sondern auch eine schillernde Persönlichkeit wie Pückler ein gefundenes Fressen. Respektlose Sottisen, in denen er verdächtigt wird, ein französischer Spion oder unehelicher Sohn Napoleons zu sein, oder gar die Verspottung als »Prince Pickle« (Fürst Sauergurke) aufgrund des unaussprechlichen Umlauts muss der vermutlich vor Zorn bebende Pückler über sich ergehen lassen. Selbst in der Literatur hinterlässt sein Auftreten in der englischen Gesellschaft eine nachhaltige – und eher ungünstige – Spur. Im 15. Kapitel des Romans »The Pickwick Papers« von Charles Dickens tritt ein »Graf Smorltork« (small talk) auf, der alles, was man ihm erklärt, falsch versteht, sich auf kleinen Zetteln Notizen macht und auf Grundlage der durcheinandergewirbelten Zettel dicke Bücher schreibt. Diese amüsante Karikatur eines großspurig auftretenden Fürsten, der des Englischen nicht sonderlich mächtig ist, findet weder in Pücklers Briefen noch in späteren Büchern Erwähnung, er war wohl »not amused«. Gleichwohl ist es als Ehre anzusehen, in diesem wohl besten Roman aus der Feder Charles Dickens' durch einen zwar nicht schmeichelhaften, aber durchaus einprägsamen Gastauftritt verewigt zu werden.

Großen Erfolg hat die Brautschau in England nicht. Weit weg von Lucie, vergleicht er jede Frau mit ihr und findet die Exfrau aus der Ferne immer begehrenswerter. Wer ihn besucht, sieht Lucies Bild auf seinem Tisch stehen. Wenige nehmen seine Scheidung ernst, so manch Umworbene verdächtigt ihn des Versuchs der Bigamie. In seiner verzweifelten Lage nimmt der eitle Fürst, dessen Selbstdarstellung immer mehr zu seinem Lebenszweck wird, die Züge eines Hochstaplers an. Der Mitgiftjäger muss sich Geld pumpen, um seine Fassade aufrechtzuerhalten. Das feudale Clarendon Hotel im Londoner Westend tauscht er bald gegen eine billige Unterkunft bei drei jungen Putzmacherinnen nahe der Bond Street ein, was ihn nicht sonderlich betrübt. Die kühle englische Society mokiert sich hinter vorgehaltener Hand über seine unzähligen Affären. Denn dass viele junge Damen dem Charme des hochgewachsenen preußischen Aristokraten nicht widerstehen können und er selten allein im Bett schläft, ist bald Stadtgespräch.

Im Februar lernt er eine Miss W. kennen, deren unbegrenzte Herzensgüte mit einer an Dummheit grenzenden Beschränkung des Geistes einhergeht. Pückler, der sie gerade deswegen in die engere Wahl gezogen hatte, lässt sie wie eine heiße Kartoffel fallen, als sich herausstellt, dass die Dame möglicherweise gar nicht so reich ist wie angenommen. In seinem Stolz gekränkt und entnervt von all der »Frauensucherei«, findet er das »ganze Heirathen unausstehlich«. Auch drei Monate später tut er sich schwer, als vier junge Damen zur Auswahl stehen: die attraktive Tochter eines Doktors mit einer Mitgift von fünfzigtausend Pfund, eine sehr hübsche, aber ungebildete Kaufmannstochter mit vierzigtausend Pfund, eine vornehme Hässliche mit hunderttausend und eine sanfte Schöne mit fünfundzwanzigtausend Pfund. Für keine von ihnen kann er sich entscheiden, denn eigentlich benötigt er eine Kandidatin, die mindestens zweihunderttausend Pfund Mitgift bieten kann. Pücklers Brautwerben verläuft wie das Hornberger Schießen. Er schraubt seine Ansprüche an die zu erwartende Mitgift immer weiter zurück, schließlich klagt er seiner »Herzensschnucke« zu Hause: »Der Himmel gebe nur endlich ein Wild, was der Mühe Wert ist, und ist es kein Edelhirsch, so müssen wir uns mit einem Häschen begnügen – den Hunger zu stillen.«

Ein Jahr nach seiner Ankunft in England glaubt er, endlich die Richtige für seine Heiratspläne gefunden zu haben. Es ist das einzige Kind eines schwerreichen Juweliers aus dem Westend mit dem vielversprechenden Namen Hamlet. Der Vater fühlt sich geschmeichelt, einen Fürsten zum Schwiegersohn zu bekommen, und freut sich auf den Adelstitel. Auch Tochter Elisabeth zeigt Sympathien für den Deutschen. Alles scheint in bester Ordnung, als plötzlich der Vater erklärt, alles sei aus. Seine 32-jährige Tochter habe erfahren, dass Pücklers Scheidung nach englischem Recht ungültig sei. Pückler bemüht sich, die Situation zu beruhigen, der Vater versucht zu vermitteln, aber alles ist vergebens. Von einer Heirat möchte die anfänglich wohlwollende Elisabeth nun nichts mehr wissen. »Der Papa«, schreibt Pückler, »nahm mit Tränen in den Augen von mir Abschied, und ich von seinen 200 000 Pfund Sterling.«

Wenn schon keine ernsthafte Heiratskandidatin am Horizont auftaucht, so bedeutet das nicht, dass der Fürst komplett dem weiblichen Geschlecht den Rücken kehrt. Eine feurige Affäre verbindet ihn im Frühjahr

1828 mit einer Landsmännin, der Sopranistin Henriette Sontag, deren Darbietungen er schon in Berlin bewundert hatte. Sie ist ein Superstar ihrer Zeit, singt in den großen Opernhäusern Europas genauso wie in kleinen, privaten Salons. Sie ist, wenn man so will, die Anna Netrebko des frühen 19. Jahrhunderts. Pückler erlebt die Umjubelte in der Londoner Oper und steht sogleich in Flammen. Die 25-Jährige ist etwas Besonderes: hochbegabt, bildschön, dabei charmant und ungekünstelt. Kein Wunder, dass ihrem Zauber viele Männer verfallen. Pückler macht da keine Ausnahme. Frustriert von seiner fragwürdigen Brautwerberei, die er zeitweise auf Brighton und in ländliche Gegenden ausgedehnt hat, macht er die junge Sängerin zum Objekt seiner Begierde und himmelt sie verliebt an. Nachdem er ihre Bekanntschaft gemacht hat, unternimmt er Kutschausflüge mit ihr, plaudert mit ihr und herzt sie, bis es – um in der zurückhaltenden Formulierung der damaligen Zeit zu bleiben – angeblich »zum Äußersten« kommt. Doch diese große Liebe hat ihre Tücken. Henriette, die das Motiv für Pücklers Aufenthalt in England kennt, ist verlobt mit dem Grafen Carlo Rossi, einem sardischen Diplomaten, mit dem sie später sieben Kinder haben wird. Schnell plagt die Sängerin das schlechte Gewissen. Der Beziehung mit Pückler ist keine Zukunft beschieden. Schon nach einem Monat ist die Affäre vorbei: »Ich habe einen Augenblick vergessen können, daß unauflösliche Pflichten mich binden, ja, daß ich einen Anderen wahrhaft und innig liebe, wenngleich die Zeit der Leidenschaft für ihn vorbei ist. Ich bin aus einem Traum erwacht, und nichts kann mich von nun an wieder dahin zurückführen. Wir müssen von diesem Augenblicke an für immer vergessen, was geschehen ist«, erklärt die Künstlerin ernüchtert ihrem Liebhaber. Pückler, der sich bereits mit dem Gedanken trägt, um ihre Hand anzuhalten, reagiert bestürzt. Seine große Liebe, die 1854 mit nur 51 Jahren in Mexiko tragisch an Cholera sterben wird, wird er nie vergessen. Noch heute schmückt ihre vergoldete Büste auf einem Granitsockel den Park im brandenburgischen Branitz.

Als der Englandreisende sich im Sommer 1828 auf große Fahrt nach Irland begibt, dient der Aufenthalt auch dazu, das liebliche »Götterkind« Henriette zu vergessen. Mangels Angeboten tritt die Suche nach einer guten Partie nach und nach in den Hintergrund. Unterwegs in Irland, interessieren den »fortune hunter« nicht nur »die schönen Weiber«, sondern, wie auch bei seinen Kutsch- und Reitausflügen in England, Land und Leute sowie Parks und Landschaftskunst. Auf seiner fünfeinhalb Monate andauernden Reise, die er von Dublin Richtung Süden startet, zeigt sich Pückler begeistert von den prachtvollen Landsitzen, großzügigen Parkanlagen und raffinierten Gärten des Landes. Seine »picturesque tour« führt ihn unter anderem zu den damals schon touristisch erschlossenen Lakes of Killarney. Ein abenteuerlicher Ausritt mit einem wilden Pony bringt ihn über die Caha Mountains nach Glengarriff an der Bantry Bay. Hier findet er eine seiner Blaupausen für die eigenen Parkkreationen. Es ist der verwilderte, in Dornröschenschlaf versunkende Park des Colonel Simon White, dessen vergangene Pracht heute auf seine Wiederbelebung wartet. Mit allen Sinnen saugt der Reisende die ihm dargebotenen Eindrücke auf, ob es um malerische Ruinen, Begegnungen mit anderen Menschen oder die entsetzlichen Zustände in den Arbeiterstädten geht. Denn die Armut der irischen Bevölkerung erschüttert ihn tief. Kritisch betrachtet er den Sektengeist der protestantischen Kirche, ist jedoch interessiert an den Ritualen der katholischen Kirche. Angelockt vom legendären Ruf des politischen Führers der katholischen Emanzipationsbewegung, Daniel O'Connell, sucht er diesen an dessen schwer zugänglichem Wohnort Caherdaniel auf, um sich von ihm die sozialen Zusammenhänge erklären zu lassen, und muss peinlich berührt erfahren, »daß viel Elend auf der Grünen Insel durch die sogenannten ›absentees‹ verursacht wird. Das sind – meist englische – Landbesitzer, die ihr Land zwar gründlich auspowern, aber sich weder darum kümmern noch auch nur dort blicken lassen.« (Ohff, 1991) Beschämt zieht er die Parallele zu seinem eigenen Lebensstil und muss bekennen, dass auch er in Bezug auf Muskau nichts anderes ist als ein »absentee«, ein ständig Abwesender, der seine Tage lieber in Paris, London oder Berlin verbringt als auf der provinziellen eigenen Scholle abseits des gesellschaftlichen Lebens.

»Hochmütig durch Geburt und Erziehung und liberal durch Nachdenken und Urteil« – so wird er sich selbst wenig später in »Tutti Frutti« beeindruckend ehrlich beschreiben, nicht ohne hervorzuheben, dass er im Vergleich zu anderen Aristokraten in der Lage ist dazuzulernen. In der Tat bereitet der Aufenthalt in England den Boden für einen nachhaltigen Bewusstseinswandel und eine neue Sensibilität für soziale Fragen. Pückler hat Muskau als Standesherr alten Stils verlassen und kehrt als aristokratischer Intellektueller zurück. Das ist sein wahres Souvenir aus England.

»Briefe eines Verstorbenen« und »Tutti Frutti«

Auf dem Weg zum Erfolgsautor

Als der Weltenbummler im Februar 1829 nach knapp zweieinhalb Jahren in die Heimat zurückkehrt, dürfte er einer der intimsten kontinentalen Kenner der prachtvollen englischen Parks und Landschaftsgärten sein, zugleich aber auch ein kritischer Berichterstatter über die sozialen Verhältnisse eines Königreichs, in dem der Gesellschaftswandel in vollem Gange ist.

Der ursprüngliche Reisezweck hat sich nicht erfüllt, und er kehrt »ohne Edelhirsch oder Häschen« heim. Dafür resultiert aus der langen Irrfahrt ein unerwarteter Durchbruch als Schriftsteller, obwohl sein erster Vorstoß, in die Welt der Literatur vorzudringen, 1808 ein Misserfolg war. Im Nachhinein dürfte ihm die Englandreise wie eine gütige Laune des Schicksals erschienen sein, die ihn, den gescheiterten Brautwerber, in den Liebling der Musen verwandelt.

Wann genau die Idee zu dem Buch auftaucht, das 1830/31 unter dem seltsamen Titel »Briefe eines Verstorbenen« für Aufsehen sorgt, Pücklers Ruhm als Autor begründen und nebenbei ersehntes Geld in die Kasse spülen wird, ist unklar. Ermutigt wird er auf jeden Fall von Karl August Varnhagen von Ense, der sich als Literaturvermittler um talentierte Schriftsteller bemüht und Pücklers bedeutendes Potenzial erkennt. Durch Lucie ist Varnhagen von Ense und seiner Frau

Rahel die umfangreiche Briefkorrespondenz des Vielreisenden bekannt, und er ermuntert den Heimkehrer, seine Schilderungen zu veröffentlichen. Das lässt sich der geschmeichelte Fürst nicht zweimal sagen, zumal die Veröffentlichung die Chance auf eine Finanzquelle verspricht. Nach einem innigen Wiedersehen mit Lucie und einer Eingewöhnungsphase, in der das geschiedene Ehepaar wie in alten Zeiten zwischen der Berliner Wohnung und der Residenz Muskau pendelt, beginnt er mit der mühsamen Arbeit. Nicht alles erscheint ihm für die Veröffentlichung geeignet: Aus über hundert Briefen tilgt er Hinweise auf die Brautsuche, auf finanzielle und private Angelegenheiten sowie Passagen über Lucie und Muskau. Seine Korrespondenz mit der geschiedenen Ehefrau, die fast täglich geführt wurde und pro Brief bis zu 43 Bögen umfasst, liefert den Rohstoff zu einem Bestseller. Pückler trägt das Talent des geborenen Reiseschriftstellers in sich. Nachdem unliebsame Details herausgefiltert wurden, wird aus der anschaulichen Schilderung seines abwechslungsreichen Reiselebens ein von den Lesern begeistert aufgenommenes Buch. Nichts ist zu unbedeutend oder zu belanglos, um erzählt zu werden. Die Einkehr in einem Dorfgasthof bei einer aufreizend schönen Mestizin oder die Etikettenfrage während eines Diners beschreibt er genauso lebendig wie seine Eindrücke von einer Abendgesellschaft mit dem Dichter Walter Scott oder die Besichtigung des Grafensitzes Warwick, eines geschichtsträchtigen »Zauberortes«. Durch ausdrucksvolle Einzelbeobachtungen zeichnet Pückler ein klares Bild von der englischen Landschaft und ihrer Bevölkerung, von Theater und Kunst, Persönlichkeiten und

Zuständen sowie vom Gesellschafts- und Staatsleben. Sein Urteil wirkt dabei keineswegs beeinflusst durch vorgefasste Sympathien und eine festgefahrene Meinung, sondern der Autor verharrt in seiner Position des aufmerksamen und lernenden Beobachters. Der Fürst besitzt die Gabe, seinen Lesern ein vielfältiges Bild Britanniens, insbesondere seiner Oberschicht, lebendig und amüsant zu vermitteln, ohne es zu beschönigen.

Und die Leser danken es ihm. Hungrig nach Wissen über exotische Welten und unbekannte Kulturen, sehnen sich die Menschen des Biedermeiers nach unterhaltsamen, informativen Berichten aus anderen Ländern. Reiseschilderungen sind deshalb eine beliebte Lektüre, da sie einen Moment der Flucht aus der eigenen, einem Polizeistaat gleichkommenden Welt der Restauration versprechen. Eine leise Kritik an den preußischen Verhältnissen ist dezent eingearbeitet. Kaum einem Leser entgeht die Parallele bei der Charakterisierung des politischen Systems Englands. Diese geschickt eingeflochtenen Hinweise dürfen als ein weiterer Erfolgsfaktor für die Popularität der »Briefe eines Verstorbenen« gelten. Das packende Kompendium, dessen vier Teile in verkehrter Reihenfolge erscheinen – so enthalten die ersten beiden Bände die Briefe 25 bis 28, die letzten beiden Bände die Briefe 1 bis 24 –, wird zu einem Kassenschlager. Die erste Auflage ist schnell vergriffen, weitere folgen, und bald gibt es auch Übersetzungen ins Englische und Französische. Der glückliche Dichterfürst aalt sich in Ruhm, darf wohlwollende Rezensionen zur Kenntnis nehmen. Insbesondere freut ihn das Lob des verehrten Geheimrats Goethe, der Pücklers Englandbericht als ein »für Deutschlands Literatur bedeutendes Werk« lobt. Goethes 132 Zeilen umfassende Rezension kommt laut Pückler dem »Zug aus dem Glückstopf« nahe. Rahel Varnhagen lässt der gebauchpinselte Autor zum Dank dafür, dass sie und ihr Mann den Anstoß für die Erfolgspublikation gegeben haben, eine reife, saftige Ananas aus dem fürstlichen Gewächshaus in Muskau zukommen.

Dass die Reisebriefe unter dem ungewöhnlichen Titel »Briefe eines Verstorbenen« anonym erscheinen, ist wohl als eine Schrulle à la Pückler zu verstehen. Koketterie spielt sicherlich eine Rolle. Denn wer der Verfasser des an Witz und Unterhaltung reichen Buches ist, hat sich in Windeseile herumgesprochen. Die eigentümliche Selbstbezeichnung als Verstorbener rührt mutmaßlich aus Pücklers Gefühl verletzter Eitelkeit her. Ernüchtert muss der Exzentriker das Scheitern seines Traums vom Diplomatenleben mangels Angeboten zur Kenntnis nehmen. Da darf man ruhig ein bisschen beleidigt sein und bei nächster Gelegenheit von sich selbst verbittert als Verstorbenem reden.

Trotz des unerwarteten Erfolgs als Schriftsteller gibt Hermann Fürst von Pückler seine Bestrebungen, als Gartenkünstler zu glänzen, nicht auf. Selbst in seiner unbändigen Freude an der Mitteilung all seiner Erlebnisse vergisst er nicht, den Geist des Gartenkünstlers in den Text einzuweben. Jede Seite des Buches atmet sein Lebensthema. Aus Dublin schreibt er seiner Schwester Clementine im Winter 1828: »Mein Schaffen in Muskau ist das einzige Streben meines Lebens, das ich mit vollem Gemüth umfaßt habe. Es ist aber nur eine Skizze, weit, unendlich weit zurück hinter dem Kunstwerk, das in meinem Geist vollendet steht.«

Zurück in der Lausitz, profitiert er von den gesammelten Erfahrungen aus England. Die vielen Besichtigungen von Herrensitzen und die Gespräche mit Gartenenthusiasten haben ihn in seinen Vorstellungen bestärkt. Neue Erkenntnisse, angeeignete Tricks und Raffinessen liefern ihm Ideen, die ihn nicht lange zögern lassen, sein Gartenreich zu verschönern: Er setzt drei zwanzig Jahre alte kanadische Pappeln und eine Blutbuche aus dem Garten des Dramatikers Ernst von Houwald, nimmt Neuanpflanzungen im Badepark und auf dem Kapellenberg vor und gestaltet die Quellwiese. Pückler strebt auch die Erweiterung der Parklandschaft an, denn im Vergleich zu der Großzügigkeit in England erscheint ihm seine eigene Anlage viel zu eng und spießig. An manchen Tagen plagen den Engagierten starke Kopfschmerzen, dann kann er keinen klaren Gedanken fassen, und das gelegentliche Färben der Haare gerät zum Martyrium. Und wie so oft in seinem langen Leben wechselt sich froher Überschwang mit depressiven Attacken ab.

Im Selbstwert gestärkt dank des Erfolgs der »Briefe«, bringt Pückler 1834 sein zweites Buch heraus. Unter dem zurückhaltenden Titel »Andeutungen über Landschaftsgärtnerei« veröffentlicht er in der Hallberger'schen, vormals Frank'schen Verlagshandlung ein Werk über Garten- und Parkgestaltung, das er druckfertig aus der Schublade gezaubert hat. Es wird sein einziges theoretisches Werk bleiben. Gespickt mit ironischen Seitenhieben auf adelige Landsleute, beinhaltet das 1825 verfasste Buch einen Textband und einen Atlas im Querformat mit 45 vierfarbigen Tafeln nach Zeichnungen des Schinkel-Schülers Wilhelm Schirmer sowie vier Kunststichkarten. Seine exzellente Darstellung der eigenen landschaftsgärtnerischen Erfahrungen bei der Umgestaltung des Muskauer Parks darf bis in die Gegenwart als ein Klassiker der Gartenliteratur gelten. Heute werden die äußerst seltenen kolorierten Exemplare der Erstausgabe zu astronomischen Preisen gehandelt.

Ebenfalls 1834 erscheinen die ersten beiden der insgesamt fünf Bände von »Tutti Frutti. Aus den Papieren des Verstorbenen«, einer – wie im Titel bereits angedeuteten – bunt gemischten Textsammlung, die auch eine schauerromantische Erzählung enthält. Die im lockeren Konversationston verfasste Prosa über preußische Zustände liest sich unterhaltsam und angenehm, ist aber doch recht oberflächlich gehalten, wie Ludwig Börne in einem Verriss des Werks kritisiert. Insgesamt gilt »Tutti Frutti« als das schwächste Werk aus Pücklers Feder. Rezensent Ludolf Wienbarg bemängelt den billigen Gesellschaftstratsch, wenn er behauptet, das Werk sei »wie leichte Goldfische, die sich lustig im Wasser tummeln und zufrieden sind, wenn sie sich und anderen eine Stunde Unterhaltung verschaffen«. Das Werk setze dem glücklichen Arkadien der Andeutungen »ein Schreckensbild der Verwüstung entgegen: die Bäume gefällt, die Wiesen als Ackerland parzelliert, der Fluss zum Schifffahrtskanal verkommen, das Schloss zur Fabrik umfunktioniert und die Asche des letzten Besitzers als Dünger aufs Feld gestreut« (Jacob, 2016).

Doch trotz aller Kritik aus Expertenkreisen wird auch »Tutti Frutti« ein Publikumserfolg. Der finanzielle Ertrag ermöglicht dem Fürsten eine weitere Reise, die erlangte Berühmtheit schmeichelt dem Eitlen und gewährt ihm Zugang zu exklusiven Kreisen. Doch bevor er Anfang 1835 durch seine Ankunft im Orient in einen neuen Lebensabschnitt aufbricht, gibt es das eine oder andere zu ordnen und zu erleben.

Bettina von Arnim

Im Salon der Rahel Varnhagen hat der umtriebige Pückler zur Jahreswende 1831/32 die junge Witwe Bettina von Arnim, geborene Brentano, kennengelernt. Von denkbar gegensätzlicher Natur, finden die Schwärmerin und der Zyniker schnell aneinander Gefallen. Bettinas Interesse mündet bald in den aufdringlichen Versuch einer Kontaktaufnahme mit Pückler. Die würdige Matrone gebärdet sich eher wie ein Backfisch. Die immerhin schon 47-Jährige überhäuft den in Berlin nur selten anwesenden Pückler mit zahllosen Briefen, in denen sich ihre zügellose Phantasie Bahn bricht. Der Fürst amüsiert sich zunächst über ihren Überschwang und ist im Übrigen selbst exaltiert genug, um für solche Alltagspoesie einen Sinn zu besitzen. Letztlich erreicht Bettina von Arnim mit ihrer rücksichtslosen Aufdringlichkeit jedoch das Gegenteil von dem, was ihr vermutlich vorschwebt: den Fürsten Hermann von Pückler für sich zu gewinnen.

Anfang 1831 ist Bettinas Mann, der romantische Dichter Achim von Arnim, mit dem sie auf Schloss Wiepersdorf ein Einsiedlerleben führte, verstorben. Nach seinem Tod zögert die Witwe nicht lange, gemeinsam mit ihren sieben Kindern in eine Berliner Stadtwohnung zu ziehen, da »Weiden stecken, Mohrrüben pflanzen, Ochsen kaufen« nicht ihrem Wesen entsprechen.

Unter ihrer neuen Adresse »In den Zelten 5« unterhält sie bald erfolgreich einen Salon, der sich zu einer Konkurrenz zu dem von Rahel Varnhagen entwickelt. Im März 1832 stirbt Goethe, ihr nicht nur geistig umschwärmtes Idol. Eine kurze Zeit lang umgarnt die Witwe den Theologen Friedrich Schleiermacher, der aber nicht so recht anbeißt, dann gerät Pückler in den Fokus ihrer Begehrlichkeit. Varnhagen von Ense urteilt wenig schmeichelhaft über sie: »Bettina hat eine Art von Wut auf bedeutende geistreiche Männer und möchte sie alle abnagen, die Knochen dann den Hunden hinwerfen.«

Das Verhältnis zwischen Bettina und Pückler gestaltet sich problematisch. Während die Briefe des Fürsten knapp und sachlich ausfallen, da ihn die Sorgen um seinen hoch verschuldeten Besitz in Muskau belasten, wo Verwalter Schefer schon anfängt, das Tafelsilber zu verkaufen, lässt Bettina ihrer Exaltiertheit freien Lauf. Wenig rücksichtsvoll bezüglich Pücklers schwieriger Lage, textet sie ihn mit endlosen Episteln zu, die nicht nur wirre Schwärmereien, sondern auch lebhafte Anekdoten um Goethe enthalten, in denen Bettina Fiktion und Faktum bedenkenlos vermischt, um die eigene Bedeutung für den großen Meister dick hervorzuheben. Im April 1832 stöhnt Pückler: »Der Arnim Briefe werden immer verrückter.« Er unterliegt der Versuchung, mit der Seele der naiven Bettina psychologische Experimente anzustellen, und treibt seine Spielchen mit der Hyperromantikerin. So schlägt er ihr Rollenspiele vor, in denen er Sultan, sie Sklavin, er Frau, sie Mann, er Blutsauger, sie das Leben spendende Element, er Ritter, sie Page ist. Ausgelebt werden diese gewagten Phantasien allerdings nur in der schriftlichen Form.

Trotz ihrer sprunghaften, häufig respektlosen Art, mit der sie vielen Zeitgenossen kräftig auf den Geist geht, verfügt die künftige Dichterin über beeindruckende soziale Kompetenzen. Ihre Tatkraft beschränkt sich nicht auf das Umherflattern zwischen berühmten Persönlichkeiten. Wenn es die Situation erfordert, beweist die quirlige Halbitalienerin mit den feurigen Augen und dem rabenschwarzen Haar, die der gleichaltrige Pückler wegen ihres Alters verhöhnt, tatkräftige Zivilcourage. Sie ist sich nicht zu fein, ihre privilegierte Stellung für die Belange von Unterdrückten und Armen einzusetzen, egal, ob es sich um körperliche Arbeit in der Krankenpflege oder um Argumente für die Verbesserung der Lebensverhältnisse in Preußen handelt. Entsetzt über die Verhältnisse in den Armenvierteln Berlins, lässt die Tochter aus gutem Hause sogar eine Studie anfertigen, auf deren Grundlage sie 1843 ihr sozialkritisches Werk »Dies Buch gehört dem König« herausbringt. Darin fordert sie zu gerechtem Handeln auf und appelliert an den König, für eine Verbesserung der sozialen Zustände und das Ende der Elendsquartiere zu sorgen, wie es seine Pflicht sei. Damit hebt sich die vielfache Mutter wohltuend von den vielen Jasagern ab, die sich um den Thron des Königs versammelt haben und ihm nach dem Munde reden. Engagiert und couragiert setzt sie sich für die eigene Unabhängigkeit und die geistige Freiheit aller Menschen ein.

Zum Verhängnis wird dem Fürsten Pückler, dass er die Freundin, die er in »Tutti Frutti« als »Orlanda furiosa« auftreten lässt, mit ihrer Schwärmerei nicht sonderlich ernst nimmt. Das wird sich rächen. Als Bettina im September 1833 ungebeten und die Exfrau geflis-

Bettina von Arnim, um 1810

sentlich ignorierend zu einem Überraschungsbesuch auf den Gütern von Muskau auftaucht, um Pückler aus ihren Tagebüchern vorzulesen, und es auch noch wagt, ihm »Verbesserungsvorschläge« für seinen Park zu machen, ist es mit seiner Geduld vorbei. Die angestauten Spannungen entladen sich in einem Eklat. Freundschaft gewiss, schreibt er der tief Gekränkten hinterher, »aber nicht die dithyrambische Raserei einer achtzehnjährigen Bacchantin mit bloßer Gehirnsinnlichkeit, die noch obendrein künstlich heraufgeschraubt ist, und jeden Augenblick beliebig beiseite gelegt, oder auf einem anderen Instrument abgespielt werden kann – die ermüdet mich, und behagt meiner Natur nicht«. Die Verstimmte kontert beleidigt, er sei eben »nicht wie jene großen Männer, Goethe und der Großherzog, die Richtung meines Geistes und seine Modulationen aufzunehmen geübt«. Wobei sie nicht ahnen kann, dass sie 1826 der vergötterte Goethe, dessen Frau Christiane sie ebenfalls verärgert hatte, gegenüber dem Großherzog als »leidige Bremse« charakterisiert hat, die ihm »als Erbstück« von seiner »guten Mutter schon viele Jahre sehr unbequem« sei.

Trotz des Zerwürfnisses zwischen den beiden »Originalen« erlischt die Korrespondenz nicht, wird aber deutlich sachlicher, wozu vermutlich beiträgt, dass Pückler der Arnim das Duzen untersagt. Bis 1844 tauschen sich die beiden in insgesamt 145 Briefen aus, am Ende sind es nur noch Zettel, dann verstummt der Dialog ganz.

Bettina, die sich als Witwe zu einer emanzipierten, selbstständigen Frau entwickelt hat, kann als Schriftstellerin große Erfolge verbuchen. Ihr Buch »Goethes Briefwechsel mit einem Kinde«, 1835 bei Ferdinand Dümmler in Berlin erschienen, wird als eines der schönsten Bücher in deutscher Sprache gefeiert. Ihr Triumph steht dem Pücklers in nichts nach. Ihr Leben ist ähnlich turbulent und abwechslungsreich wie seines und Anlass für die Nachwelt, zahlreiche Biographien über ihre Person zu veröffentlichen. Der Fürst, zum Zeitpunkt des Erscheinens des Briefwechsels längst auf großer Reise, nimmt das ihm nachgeschickte Exemplar an ehrwürdiger Stelle in die Hand, nämlich auf der griechischen Akropolis, »im blühenden Unkraut sitzend am Fuß des Parthenon«. Artig bedankt er sich für das Buch, nicht ohne mit Rührung die Widmung an ihn zur Kenntnis zu nehmen. Sein Dankesbrief endet mit der versöhnlichen Anmerkung: »Lassen Sie uns einander gut gesinnt bleiben, was wir auch für Fehler und Verstöße in den Augen Anderer haben mögen, die uns nicht in demselben Lichte sehen. Diese Worte sind für die Vernünftigen, nicht für die Thörichten.«

Der Verlust von Bettina von Arnims Aufmerksamkeiten trifft ihn nicht sonderlich schmerzlich, schlimmer zu verdauen ist die Nachricht vom Tode Rahel Varnhagens. Die verehrte Freundin kränkelte schön länger, ihr Tod im März 1833 geht ihm nahe. Der »Erdbändiger«, wie sie ihn einmal charakterisierte, verdankt ihr und ihrem Mann viel, seien es die zahlreichen Bekanntschaften mit den hochkarätigen Gästen aus ihrem Salon oder die Hilfestellung bei der Veröffentlichung seiner Bücher. Auch der vertrauliche Austausch über Bettina von Arnims Intrigen, wenn diese wieder einmal versucht hatte, Pückler und Varnhagen gegeneinander auszuspielen, schweißte zusammen.

Vor allem aber lernte der Fürst in dem von Gästen mit unterschiedlichen Glaubensrichtungen und Weltanschauungen besuchten Salon eine neue geistige Strömung kennen, die ihn nachhaltig beeinflusste:

den Saint-Simonismus, ein Gemisch aus Gesellschaftsdiagnose und Prophetie, das der faszinierte Fürst wie ein neues Evangelium in sich aufsog. Diese frühsozialistische Lehre, die 1815 vom Grafen Henri de Saint-Simon entwickelt wurde, nimmt in vielen Aspekten »Das Kapital« von Karl Marx vorweg, wenn sie auch andere Schlüsse zieht. Wie Marx kritisiert der persönlich verschwenderisch und extravagant auftretende Saint-Simon das Eigentum, fordert die Abschaffung des Erbrechts und rät zur Überführung der industriellen Produktionsmittel in Allgemeinbesitz. Eine »Regierung des Pöbels« lehnt er jedoch ab. Betriebe, so glaubt er, sollen durch die Gesellschaft der Tüchtigen geführt werden, die eine neue intellektuelle Aristokratie stellt. Diese auch als »Produzentensozialismus« bespöttelte Lehre schwappte nach dem Tod des Comte 1825 aus Frankreich verstärkt nach Deutschland über und wurde von manchen Zeitgenossen kritisch als sozialutopische Idee diskutiert, von anderen regelrecht zur Religion gemacht. Varnhagen von Ense, glühender Anhänger des theoretischen Sozialismus, pflegt den Salon-Saint-Simonismus in den Räumlichkeiten seiner Frau euphorisch, mitreißend und wie in einer Sekte zu verbreiten. Wenig verwunderlich, dass Pückler, begeisterungsfähig und Neuem gegenüber stets aufgeschlossen, den Blick über den Tellerrand wagt und sich von der Idee einer veränderten Gesellschaftsordnung anstecken lässt, denn wie so mancher seiner Standesgenossen empfindet er die Gesellschaft als reformbedürftig. Die Lehre des Franzosen entspricht deshalb der Einstellung Pücklers, bei dem künstlerisches Gedankengut stets Hand in Hand mit Wirklichkeitssinn geht und der von Besitzenden mehr erwartet, als dass sie sich nur unproduktiven Genüssen hingeben. In diesem Sinne betrachtet er die Industrie als eine der höchsten Formen menschlicher Tätigkeit. Von den Erben eines großen Namens erwartet er sinnvollere Beschäftigungen als Jagd, den Müßiggang oder die Verwaltung der eigenen Angelegenheiten. Der Saint-Simonismus erscheint Pückler als der richtige Weg zu gründlichen Reformen, die zu propagieren er nicht müde wird.

Länger, weiter, spannender

Die »Grand Tour« rund ums Mittelmeer

Ende des Jahres 1834 ist es so weit: Der Fürst wechselt erneut in den Reisemodus, nur leider verspätet. Statt wie geplant nach Nordamerika aufzubrechen, muss er kurzfristig umdisponieren. Ein lästiges Duell (bereits sein achtes!), verursacht durch die unglücklich formulierte Erzählung »Die Flucht ins Gebirge« in »Tutti Frutti«, verbunden mit einer zeitraubenden Operation eines Weisheitszahns, verzögern die Abreise. Im September ist es schließlich zu spät für die Fahrt über den großen Teich. Und irgendwie scheint Pückler auch die Lust auf den Besuch im Land jenseits des Atlantiks verloren zu haben. Kurz entschlossen wählt er ein neues Reiseziel: Algerien.

In seinem Fernweh spielte der Fürst schon länger mit dem Gedanken an eine Reise in den Orient, bereits als Jüngling hatte er gemeinsam mit Leopold Schefer Pläne für eine Expedition rund ums Mittelmeer geschmiedet. Nun scheint die Stunde gekommen zu sein, vermutlich mitbedingt durch die beliebten französischen Reiseberichte jener Zeit über den Orient. Über den grundsätzlichen Anstoß zu der langwierigen, beschwerlichen Reise des immerhin fast Fünfzigjährigen kann nur spekuliert werden. »Waren es die Enge der Muskauer Heimat, Langeweile, Abenteuerlust, Forscherdrang, das Honorar des Reiseschriftstellers, der Wunsch nach religiöser Erleuchtung? Oder eher die Ausweglosigkeit der europäischen Verhältnisse, in denen die ›Heilige Allianz‹ mit Zensur und Spitzelwesen jeglichen Wandel unterdrückte?« (Jacob, 2016) In jedem Fall kann der Fürst auf diese Art und Weise das Angenehme mit dem Nützlichen verbinden. Reisen bedeutet, neuen Stoff für die Schriftstellerei zu akquirieren und die Hoffnung, einen finanziellen Ertrag aus der »tätigen Befriedigung von Neugierde« zu ziehen, wie er seine Reiseleidenschaft selbst interpretiert.

Dass die Einnahme von Geldmitteln mehr als nötig ist, steht fest. Pückler dreht mittlerweile jeden Taler um, spart an Kerzen aus der eigenen Herstellung und muss die gärtnerischen Tätigkeiten beschränken. Seine Schulden erreichen die Schmerzgrenze von fünfhunderttausend Talern, ein Kreditgeber ist weit und breit nicht in Sicht. Kurz gerät der Autor in Panik, als das Manuskript für die drei letzten Bände von »Tutti Frutti« im Postverkehr verloren gegangen zu sein scheint. Als das Päckchen doch wiederauftaucht und der Hallberger'sche Verlag das vereinbarte Honorar von beachtlichen dreitausend Talern für das abgelieferte Manuskript auszahlt, ist die Erleichterung groß. Die Summe liefert die Grundlage für Pücklers Reisepläne, mit dem Geld kann er nach Nordafrika und in den Vorderen Orient aufbrechen.

Im Mai 1834 startet der Rastlose über Toulouse und Paris auf seinen abenteuerlichen »Weltgang«, der ihn von 1834 bis 1840 über drei Kontinente führen wird. Er hat die Absicht, Landstriche zu entdecken, die kein Europäer vor ihm gesehen hat. »Weder Wissenschaft noch Kommerz sind seine Triebkraft, sondern einzig und allein eine sehr wertvolle und oft unterschätzte Ureigenschaft des Menschen, die Neugier, sowie damit verbunden, die pure Reiselust.« (Ohff, 1991)

Während seiner langjährigen Abwesenheit von Muskau obliegen die gärtnerischen Aufgaben dem treuen Parkdirektor Jacob Heinrich Rehder, der sich blendend auf die Anliegen seines Herrn versteht und dem Pückler blind vertraut. Lucie, die ihre einst passive Rolle längst abgelegt hat und gar nicht mehr so »schnuckelig« rüberkommt, schwingt derweil den »Regierlöffel«, darauf achtend, dass die Industrie mit ihren einträglichen Einnahmequellen nicht die Poesie des Ortes überschattet und ihr ein auskömmliches Leben ermöglicht. Das Zepter aus der Hand nehmen lässt sie sich während Pücklers Abwesenheit nicht. Nach ihrem Ermessen werden die schriftlichen Anweisungen ihres »Lou« gefiltert und weitergeleitet. Dass sie ihren Exmann sechs Jahre lang nicht wiedersehen wird, ahnt sie im schmerzlichen Moment des Abschieds sicherlich nicht.

Nach einer – wie nicht anders zu erwarten – rauen Überfahrt mit der Fähre »Krokodil«, auf die er sich im südfranzösischen Toulon am 10. Januar 1835 eingeschifft hat, betritt Pückler in der Nacht vom 13. auf den 14. Februar das Terrain seiner Reisebeschreibung »Semilasso in Afrika«, wie er seine tagebuchartigen Reisebriefe nennen wird, die seine Erlebnisse in Algerien und Tunesien wiedergeben. Pückler gehört in Algier zu einer kleinen Elite wohlhabender europäischer Adeliger, die ohne militärischen oder wissenschaftlichen Auftrag, dafür mit einer gehörigen Portion privater Neugier in den Orient reisen, um Land und Leute kennenzulernen. »War die europäische Rundreise, die »Grand Tour«, bis ins 18. Jahrhundert hinein ein Privileg des Adels gewesen, so entdeckten sie nun den außereuropäischen Mittelmeerraum als neues Ziel ihrer Bildungsreisen. Das aufwändige Unternehmen einer Reise mit Dienern und Gefolge, eigens gemieteten Segelschiffen, Pferden und Eskorten konnten sich zu Beginn des 19. Jahrhunderts, vor der Entwicklung des Tourismus durch Eisenbahnen und Dampfschifflinien, nur wohlhabende Adelige leisten.« (Brückner, 2012)

Algerien

»Hier ist es göttlich!«, jubelt der Sinnesmensch in einem ersten Brief an Lucie, kaum dass er im sonnig warmen Algerien angekommen ist, einem Land, das durch die französische Eroberung Algiers 1830 erst seit Kurzem überhaupt für Europäer zugänglich geworden ist. Der deutsche Fürst zeigt sich begeistert beim Anblick der schönen Menschen, der maurischen Baukunst und des regen Treibens auf den bunten Märkten, die als Bühne des Orients dienen und eine scheinbar grenzenlose Warenwelt offenbaren: silberglänzende Teekannen, Teppiche, Taschen, Kleidung, Blumen und Lebensmittel. Der Fürst passt sich schnell den Gegebenheiten an. Mit bunten Kaschmirschals, reich besticktem Gürtel und »military frock coat«, türkischen Pluderhosen und rotem Fez als Kopfbedeckung kleidet er sich im orientalischen Stil neu ein. Gegen die Hitze in der Wüste trägt er einen Strohhut, »groß wie ein Regenschirm«.

Der Lausitzer Standesherr, noch nicht ganz fünfzig Jahre alt, fühlt sich in der Fremde wieder jung und

Fürst Pückler in orientalischer Tracht

unbeschwert. Im Eifer der ersten Eindrücke überlegt er, ob ein Leben in einer maurischen Villa am Rande Algiers nicht dem unter preußischen Junkern und Berliner »Sandvipern« vorzuziehen sei. An Bettina von Arnim schreibt er: »Als ich für meine Person am Fuß eines Orangenbaums mich unter Veilchen, neben einer frisch sprudelnden Quelle niedergelassen hatte, aus einer langen Pfeife mit der wollüstigen Bernsteinspitze den Dampf wohlriechenden Tabaks emporsteigen sah, und mir nun noch den Himmel mit Huris angefüllt hinzudachte, gefiel mir das orientalische Leben so wohl, daß ich, wäre es mir nur irgend möglich, meine preußisch christlichen Güter los zu werden, große Gefahr liefe, hier Mohammedaner zu werden.«

Schon bald juckt es Pückler, mit Pistolen, Dolch und Säbeln bewaffnet das politisch unruhige Land auf Streifzügen zu erkunden. Zwar kommt es im gefährlichen Landesinnern immer wieder zu mehr oder weniger heiklen Situationen, doch größere Bedenken kommen ihm nicht. Dank seiner adeligen Herkunft, dem ihm vorauseilenden Ruf und zahlreicher Empfehlungsschreiben stehen dem Fürsten Türen offen, die anderen Reisenden verschlossen bleiben. Sowohl des Beistands militärischer und diplomatischer Vertreter Frankeichs, der sich wie ein Schutzschild über seine Person legt, als auch der Neugier und des Wohlwollens einheimischer »Beys« sicher, bewegt sich Pückler todesmutig zwischen verfeindeten Fronten. Wie in einer Karl-May-Verfilmung reitet er mit Ali Ben Khasnadschi, einem damals berühmt-berüchtigten Räuber, an der Spitze von viertausend Kriegern auf einem feurigen Araberhengst durch den Hohen Atlas, dann schließt er sich einer Karawane an und besteigt den Gipfel des Hammal mit der Hilfe eines einäugigen Banditen und zwanzig gemieteter arabischer Krieger.

Pücklers ungebrochene Neugier öffnet ihm einen vorurteilslosen Blick für die arabische Welt seiner Zeit. Religion, Sitten, Riten, Esskultur, Kleidungs- und Baustil, alles fasziniert ihn und erscheint wert beschrieben zu werden. Zum Staunen seiner reiseunerfahrenen Leser strotzen seine Texte nur so von ungewöhnlichen Details. Ob er mit muslimischen Potentaten speist, sich über Flohstiche beklagt, die er sich in den Kamelhaarzelten der nomadisierenden Berber zuzieht, oder sich an einer Fata Morgana während einer Wüstentour erfreut – er lässt es sich nicht nehmen, erschöpft, aber preußisch diszipliniert, liegend oder sitzend, allabendlich Erlebtes oder Erzählenswertes zu Papier zu bringen, sind die Strapazen auch noch so groß. Unter dem vieldeutigen Pseudonym Semilasso (der Halbmüde, Halbschlaffe) referiert der Reisende, mit gründlichen Geschichtskenntnissen umfassend vorgebildet, über historische Zusammenhänge, die politischen Hintergründe der französischen Besatzung Algeriens und natürlich seine Abenteuer und Erlebnisse. Dabei hält er sich strikt an seinen Vorsatz, nie in die aktuelle Tagespolitik einzugreifen. Fundiert erhalten seine Leser Informationen über die Geschichte der Region und über die Menschen, über »Türken aus Morea und Constantinopel, altspanische Mauren, Neger aus dem Inneren Afrikas, Beduinen von den Grenzen des Atlas«, sie alle »mischen sich in ein großes Ganze[s], von dem jeder seinen eigenen Vortheil sucht, ohne je etwas für die Gesellschaft oder den Fortschritt der Civilisation zu thun«. In Pücklers Beschreibung wimmelt es nur so von »Negern«, »Mohren« und anderen heute als despektierlich empfundenen Bezeichnungen. Und natürlich vergisst er in seinen Schilderungen auch nicht sein Lieblingsthema: die unberührte Landschaft mit Dattelpalmen, Salzsümpfen und Korkeichenwäldern. Seinem fachkundigen Gärtnerauge entgeht nichts. Entdeckt er in der fremden Natur Besonderheiten wie (angeblich) jahrhundertealte Johannisbrot- und Ölbäume, beschreibt er den staunenden Lesern mit Wonne deren knorrige Beschaffenheit und Maße.

Die abenteuerlichen (und historisch verbürgten) Lebensgeschichten seiner neuen Freunde und Bekannten erscheinen für das Publikum zu Hause aufregend exotisch. Denn wer möchte nicht Einblick in einen Harem erhalten oder über prickelnde Besuche im verruchten Hurenviertel von Algier lesen? Mag auch manche Stelle aus heutiger Sicht überheblich und selbstgefällig wirken – eine treue Leserschaft dankt Pückler das Erscheinen des Buches 1836 in Berlin mit hohen Absatzzahlen. Das Genre des Reiseberichts, der prosaischen Schilderung einer realen Reise, ist überaus beliebt, da es – wie auch »Semilasso in Afrika« – auf unterhaltsame Weise über ferne Ländern informiert und zugleich der Alten Welt den Spiegel vorhält.

Strapazen und Mühen nimmt der Gartenfürst in Kauf, ohne mit der Wimper zu zucken. Seit er den afrikanischen Kontinent betreten hat, fühlt er sich wohl. Migräne und Hypochondrie sind wie weggeblasen, die Eitelkeit ist auf ein Minimum reduziert. Die Haare bleiben ungefärbt. Nur auf wenige Errungenschaften der Zivilisation möchte er gewohnheitsbedingt nicht verzichten, dazu gehören Bürste, Nagelschere, Zahnputzzeug, Kamm und Spiegel. In einer Reiseapotheke befinden sich Medikamente gegen Magenschmerzen,

Schwindel und Fieber nebst Mörser, Schälchen und Waage. Auf ein Reiseutensil der besonderen Art legt der agile Afrikareisende größten Wert. Es ist ein altbewährter praktischer Kochtopf und zugleich eine hutgroße Wundermaschine, Kaffeemaschine, Wasserkessel und Spirituskocher in einem, in der zusätzlich Dinge wie Tee, Zucker und Kaffee Platz finden. Allerdings muss der Fürst damit leben, dass dieses Universalgerät Insekten anlockt. Invasionen von Ameisen sowie Fliegen- und Mückenschwärme sind die unliebsame Folge seiner täglichen Nutzung.

In der Regel aufgeschlossen und den Gegebenheiten des Landes gegenüber positiv eingestellt, tut sich der Aristokrat mit der Religion der »hiesigen Muselmänner« schwer. Er beklagt ihr schmutziges Äußeres und stört sich an der Nachlässigkeit, mit der sie ihre Gebräuche verfolgen: »Wein und Branntwein trinken sie größtentheils, wo sie nur desselben habhaft werden können; für das Tagesfasten während des Bairams entschädigen sie sich hinlänglich durch nächtliche Schwelgereien, und nach Mekka wallfahrten nur noch die Wenigsten.« Versöhnlicher klingt er beim Vergleich zwischen den Kulturen: »Die Masse allgemein halte ich für freier wie in Europa … Die meisten Europäer, die im Orient leben gewinnen ihre dortige Existenz bald lieb … In den hiesigen Ländern kann man träge seyn und doch leben, das Nothdürfige ist so leicht und fast umsonst zu erlangen, die Bedürfnisse dabei überhaupt geringer – in dem größten Teilen Europas verhungert aber, wer nicht arbeiten will, oder wird in ein Arbeitshaus gesperrt, und die Concurrenz ist so furchtbar dringend geworden, daß jeder wie vom Rad einer Maschine getrieben, in Angst und Sorge rastlos vorwärts muss.«

Vom weiblichen Geschlecht bekommt der Orientreisende zu seiner Enttäuschung wenig zu Gesicht. Verblüffendes erfährt er von den Gattinnen europäischer Diplomaten: Die einheimischen Frauen »thun bekanntlich Alles um dick zu werden, und man mästet sie zu diesem Behuf förmlich, wie bei uns die Gänse, mit Cucussu«. Und eigentlich findet der Fürst die übliche Verschleierung gar nicht so übel, zumindest im begrenzten Rahmen: »Durchaus ist diese strenge Verschleierung jedoch nicht zu verwerfen, nur müßte sie sich in civilisirten Staaten allein auf die Alten und Häßlichen beschränken.« Sein Versprechen an Lucie, bescheiden und sparsam zu reisen, verpufft unter der heißen Sonne der Sahara. Anfänglich nur mit einem Kammerdiener unterwegs, schwillt das Gefolge bald an. Als er im Januar 1837 in Ägypten ankommt, reist er mit opulenter Entourage. Seine Schwäche für Luxus gehört nun mal zu Pücklers Eigenschaften wie sein Hang zu Frauenbekanntschaften oder der Sinn fürs gute Essen.

Tunesien

Im April 1835 setzt Pückler nach Tunesien über. Auf dem Segler »Vittoria« muss er mal wieder eine stürmische Überfahrt über sich ergehen lassen, bevor das Schiff mit letzter Kraft am 13. des Monats den Zielhafen Tabarka erreicht. Mit Betreten des Festlands gehört der Lausitzer Fürst zu den ersten Tunesien-Reisenden überhaupt, denn das Land liegt aus touristischer Sicht noch mehr oder weniger im Dämmerschlaf. Es gilt als nahezu unberührt. Kaum angekommen, mischt sich Pückler in der bequemen, längst lieb gewonnenen arabischen Bekleidung unters Volk, besichtigt die Festung Kasbah und die Kasernen von Tunis, bevor er sich zu einem Streifzug durch das Landesinnere aufmacht, um ganz im Stil eines Großgrundbesitzers die Landschaften Tunesiens zu erkunden. Da er es sich zur Gewohnheit gemacht hat, sich im Voraus bei den Herrschern anzukündigen, die er zu besuchen gedenkt, ist er in der Regel ein gern gesehener Gast. Denn diese Praxis lässt genügend Vorlauf, um sich auf den illustren Besuch aus Deutschland einzustellen.

Für Bewunderung sorgt Pücklers Aufmachung auf seiner Tour durch Tunesien. Seltsamerweise lässt er es sich nicht nehmen, trotz größter Hitze in der Uniform eines preußischen Generals und mit ledernen Reiterstiefeln an den Füßen durchs Land zu reiten und in diesem Aufzug dem schwer kranken Herrscher Hassan Bey, der wenige Tage danach stirbt, einen Antrittsbesuch abzustatten. Selbst die zweihundert Haremsdamen reiben sich hinter dem Gitter ihrer Galerie im Palast verblüfft die Augen. Eine vornehme Uniform wie diese, mit blauem Rock, Aufschlägen und blanken Knöpfen, macht großen Eindruck. Die Regionalherrscher des Landes behandeln den preußischen Fürsten trotz des privaten Charakters seiner Reise wie einen Staatsgast und zeigen sich großzügig. Die vielen Huldigungen, die ihm unterwegs zuteilwerden, gelten aber weder seiner hohen Geburt noch dem Status des Fürsten oder seinem Rang als Offizier, sondern seinem Ruhm als Schriftsteller. Sein Ruf eilt ihm voraus. »Das war persönliche Leistung und zählte auch ihm am höchsten, wie der fortlaufende Briefwechsel Varnhagens, der ja zu Hause das literarische Schaffen betreute, deutlich macht.« (Jelaffke, 1993)

Seine Tunesienreise gleicht einem Triumphzug. Mit Sidi Mustapha Bey, dem Bruder und Nachfolger Hassans, versteht er sich blendend. Bei ihm erwirkt er Sonderrechte für Deutsche zum Landerwerb. Für seine Landsleute sieht er hier große Chancen, was die Handelsbeziehungen und auch die Auswanderung betrifft. Statt nach Amerika überzusiedeln, sollten sie nach Pücklers Meinung lieber hierher kommen. Der tunesische Boden ist seit Jahrtausenden ertragreich, und den Kolonisten stünden hier keine bürokratischen Schranken im Wege. Würde man den orientalischen Schlendrian durch arbeitsame Siedler ersetzen, Kapital investieren und den Reichtum natürlicher Vorkommen wie Öl und Datteln bestmöglich nutzen, so wäre dem Land eine goldene Zukunft beschieden, das ist Pücklers These. Dem ihm wohlgesonnenen Bey trotzt Pückler sogar die Erlaubnis ab, die für Christen verbotene Große Moschee in der heiligen Stadt Kairouan zu besichtigen. Und ihm wird die Ehre zuteil, im noch im Bau befindlichen Mohammedia-Palast übernachten zu dürfen. »Das Schloß ist groß und elegant, mit hübschen Zimmern und bunten Galerien versehen und die Aussicht von der Terrasse nicht ohne Interesse. Ich entdeckte ein Boskett von blühenden Granaten, umgeben von kolossalen Feigenbäumen«, schreibt der Fürst beglückt über das märchenhafte Schloss, das »Versailles von Tunesien«. Damit er auf seinen Erkundungsfahrten durchs Land nichts entbehren muss, stellt der Landesfürst generös eine Karawane, Beduinenzelte und Kamele zur Verfügung. Nun hält Pückler nichts mehr davon ab, die »Zauberorte« El Djem (damals Thysdrus), Kairouan, Dougga und Karthago aufzusuchen, wenn ihn auch die langen Ritte auf den Bauernkleppern, Maultieren oder Eseln durch baumlose Wüsten in einer Affenhitze so manches Mal an seine physischen Grenzen bringen.

El Djem, damals prosperierend dank des weltweiten Olivenexports, besticht durch ein riesiges Kolosseum, das drittgrößte Amphitheater der Römerzeit. Die Wände zierte ehemals weißer Marmor, in den Katakomben unter der Arena hausten nicht nur Gladiatoren, sondern auch wilde Tiere des Atlasgebirges wie Löwen und Tiger. Pückler berichtet Lucie, er habe seinen Namen in eine Steinwand des Kolosseums geritzt – wo genau das Autogramm zu finden ist, verrät er nicht. Als Pückler die spektakulären römischen Ruinen der antiken Stadt Thugga erreicht, die an den Ausläufern des Atlasgebirges in sechshundert Metern Höhe über dem Meeresspiegel auf einem Plateau zwischen schroffen Bergen und einer weiten Ebene liegen, schwärmt er: »Die Gegend ward immer großartiger, je weiter wir kamen, und immer unabsehbarer dehnten sich die grünen Waldungen nach allen Seiten aus. In einem dieser wilden Bergbezirke trauern, ganz einsam und verlassen, die mehr als irgendwo chaotisch zusammengestürzten Trümmer von Tunga [Thugga] … Hinsichtlich des Wildromantischen werden diese Ruinen von keinen übertroffen, und passen vortrefflich zu ihrer Umgebung.«

Der preußische Fürst lässt auch das berühmte Karthago nicht aus. Von hier aus zog Hannibal einst mit 37 Kriegselefanten über die Alpen und schüchterte die Römer ein. Pückler steigt hingegen profan auf den Byrsa-Hügel und beschreibt die Landschaft mit ihren Ruinen als Anblick, »der jede fühlende Seele tief bewegen muß«.

Die Reise durch Tunesien beschert Pückler geistige Bereicherung und jede Menge Selbstzufriedenheit. Erworbene Kenntnisse und sinnlicher Genuss sind die Ingredienzen für seine Berichte nach Hause und für die fortschreitende Verwandlung zu einem neuen Menschen. Denn nach der Orientreise und der unfreiwilligen Rückkehr im September 1840 wird der weit gereiste Kosmopolit nicht mehr wie früher sein, sondern einer, »der Afrika lieben, den Islam respektieren gelernt hatte und dessen Lebenshorizont nicht weiter vom gesellschaftlichen Wertekanon standesgemäßer deutscher Konventionen bestimmt, geschweige denn geweitet wurde« (Volker-Saad, 2018). Dass er die nicht unerheblichen Strapazen in Tunesien erträgt, erfüllt den Reisenden mit Stolz. Pückler beweist damit sich selbst und anderen, dass mehr in ihm steckt als ein verweichlichter Blaublüter oder verwöhnter Snob. Der ehemalige Elegant verbringt die eine oder andere Nacht in elenden Löchern, in denen es von Ungeziefer und Skorpionen nur so wimmelt. Auch seine Feinschmeckerseite kommt nicht zum Zuge. Mehrgängige Menüs, zartes Porzellangeschirr und eine geschulte Dienerschaft fallen aus. Stattdessen begnügt er sich mit einfacher regionaler Kost, »die von Negerweibern mit fettigen Fingern in schmutzigen Näpfen aufgetischt« wird, und trinkt »statt edler Weine … verwässerte Milch« (Ehrhard, 1935). Doch allen Entbehrungen zum Trotz fällt seine Bilanz positiv aus: Die Reiseetappe hat

Spaß gemacht und ihm jede Menge Selbstbewusstsein geschenkt.

Im Spätherbst – um den 20. Oktober 1835, der Tag ist nicht genau feststellbar – schifft sich der Fürst in der Hafenstadt La Goulette mit Sack und Pack auf einem belgischen Dampfer ein und verlässt das gastfreundliche Land in Richtung Malta. Mehrere Konsuln verabschieden ihn fürstlich. Auch zwei Damen aus der feinen Gesellschaft von Tunis weinen ihm Tränen nach. Ihnen soll er näher gekommen sein, als es in einem muslimischen Land schicklich ist. Laut Ludmilla Assing ist eine von ihnen »seinem Herzen wahrhaft lieb und teuer« geworden.

Dann gilt es, in letzter Minute noch eine heikle Situation zu lösen: Der Bey von Tunis hat zur großen Überraschung des Abreisenden eine »kleine Erfrischung« als Abschiedsgeschenk geschickt. Diese orientalische Galanterie nimmt ein komplettes Transportboot ein und besteht aus einer Fülle von unterschiedlichen Nahrungsgütern: Es handelt sich um vier Ochsen, zwanzig Schafe, hundert Hühner, sechs Bockshäute voll feinstem Öl, vier Fässer Butter, fünfhundert Eier, dreihundert weiße Brote, zwei Zentner Zucker, ein Zentner Mokkakaffee, zwei Zentner Reis, mehrere Wagenladungen Gemüse, zwei große Körbe voll Weintrauben, zweihundert Melonen und sechs Kisten Konfitüre aus den Händen der Haremsdamen. Die reichen Reisevorräte dürfen auf keinen Fall zurückgelassen werden. Solch ein Verhalten wäre ein Affront und würde gegen Etikette und Höflichkeit verstoßen. Doch Pückler stünde nicht im Ruf eines weltgewandten Fürsten, würde ihm nicht eine Lösung einfallen. Kurzerhand gibt der gönnerhafte Grandseigneur das Geschenk weiter an die Mannschaft des Schiffes. Damit ist die Überfahrt abgegolten, und beide Seiten sind zufrieden.

Malta

Über Malta und die Peloponnes geht die Reise im Herbst 1835 weiter nach Patras, von wo aus Pückler kreuz und quer, zu Fuß und per Schiff Griechenland besichtigt. Doch zuvor muss das Schiff samt Besatzung und Passagieren auf Malta eine vierwöchige Quarantäne über sich ergehen lassen, denn in Europa ist eine Choleraepidemie ausgebrochen. Der Aufenthalt auf der Insel mit europäischem Komfort, guten Quartieren und ausgezeichnetem Essen kommt Pückler nicht ungelegen. Der englische Gouverneur zeigt sich ihm gegenüber zuvorkommend und besitzt die »Artigkeit«, Pückler trotz Quarantäne im Clarence Hotel übernachten zu lassen, »wo es mir weder an einem guten Bett und Feuer, noch an hinlänglichen Tischen fehlte, meine Siebensachen darauf behaglich auszubreiten«. Während der Quarantäne, von keinem gesellschaftlichen Zwang bevormundet, feiert Hermann von Pückler am 30. Oktober 1835 ohne viel Aufhebens seinen gefürchteten fünfzigsten Geburtstag. In der schönen, sauberen Stadt Valletta mit ihren palaisartigen Häusern, prachtvollen Palästen, grünen Gärten und der englischen Ordnung werden ihm die Annehmlichkeiten im Gegensatz zur Berberei, in der er das vergangene Jahr verbracht hat, sowie die Unterschiede zwischen Orient und Okzident noch einmal deutlich vor Augen geführt. Ein bisschen

Erholung im zivilisierten Europa tut gut, ein bisschen Luxus nach all den Strapazen ebenfalls.

Der Gast nutzt die unfreiwillige Pause, um sein Afrika-Manuskript an Varnhagen zu schicken, und beginnt verfrüht sein Buch über Griechenland, »beim hellelodernden Kaminfeuer, mit vier dicken Wachskerzen und eine[r] Bowle Negus vor mir auf dem Tisch«. Das Buch, dass in Anspielung auf Goethes »Westöstlichen Divan« den Titel »Südöstlicher Bildersaal« erhält, umfasst drei Bände und erscheint 1840/41, vier beziehungsweise fünf Jahre nach Pücklers Rückkehr vom Mittelmeer.

Griechenland

Die Weiterreise nach Griechenland nach Beendigung der Quarantäne Ende 1835 gerät äußerst ungünstig. Sturm, Seekrankheit, Langweile und Ekel verleiden dem unglücklichen »Semilasso«, dem das Meer nie wohlgesonnen ist, diesmal die Seefahrt ganz besonders. Bereits die Abfahrt auf der klapprigen alten »L'Africain« steht unter ungünstigen Vorzeichen, man könnte auch von einem schlechten Omen sprechen. Beim Wiedereinschiffen gerät das Boot außer Kontrolle, es schlägt um, und »überall drang das Seewasser verderblich ein, und nicht alles ward von den helfenden Leuten wieder herausgefischt. Mehrere wertvolle Gegenstände, vieles, was mir teuer war, und manche Dinge, die für meine Bequemlichkeit der empfindlichste Verlust sind, sanken in die Tiefe.«

Auch die Ankunft in Patras gestaltet sich schwierig. Das Ausklingen einer hartnäckigen Seekrankheit lässt auf sich warten. Nach der afrikanischen Sonne ist das feuchtkalte griechische Winterwetter ein Schock. Ständig friert der Neuankömmling und bekommt wieder Kopfschmerzen, kaum dass er sich dem europäischen Kontinent genähert hat. Kein Wunder, dass Pückler die Bände II. und III. seines Buches – Band I. beschreibt die Nordafrika-Fahrten – gemäß seiner Stimmung »Griechische Leiden« nennt. Er sehnt sich nach der Gastfreundschaft in Malta zurück, die er in den Monaten in Griechenland vermissen wird, »denn Engländer vergessen ihren Comfort in jeder Lage des Lebens eben so wenig als wir unser Hemde, der allersicherste Beweis einer längern und weit vorausgeeilten Kultur. Die Engländer sind der wahre Weltadel, und ihre Ladendiener aristokratischer gewöhnt als unsere Prinzen.«

Der Kenner und Bewunderer des klassischen Altertums kommt mit einer positiven Grundeinstellung nach Griechenland und ist doch schnell enttäuscht über die unerwartet große Rückständigkeit. Den damaligen mitteleuropäischen Maßstäben ist das Land in allem hinterher: in der Bauweise, im mangelnden Warenangebot, in der Gastronomie und bei den Unterkünften. Bereits auf seinen ersten Ausflügen begegnen ihm Spuren mangelhafter Nachkriegsverwaltung des erst wenige Jahre von der vierhundertjährigen Türkenherrschaft befreiten Landes. »Stinkende Armut« empfängt ihn beispielsweise in einem dreckigen, von Ungeziefer verseuchten Kloster. Es ist die einzige Unterkunftsmöglichkeit weit und breit, denn kleinere Klöster wurden geschlossen, und Gasthöfe gibt es nicht. Marodierende Räuberbanden, die aus ehemaligen Soldaten bestehen, deren Heldentaten längst vor dem eigenen Überlebenskampf verblasst sind, ziehen durch die Gegend. Pückler zeigt sich in seinen Vorstellungen über das einstige Kulturland ernüchtert und muss bald aufpassen, nicht selber zum Opfer von Erpressung zu werden.

Dennoch verbringt »Semilasso« das ganze Jahr 1836 in Griechenland. In Athen hält er sich in den Monaten März bis Mai auf. Nach dem entbehrungsreichen Leben in Afrika und den ständigen Strapazen der Reise zeigt er sich alles andere als müde und genießt das kultivierte Leben der feinen athenischen Gesellschaft in vollen Zügen. »In gesellschaftlicher Hinsicht erschien mir Athen angenehmer, als viele größere Hauptstädte, obgleich es in seinem Äußern, wie für Comfort jeder Art, noch manchem Dorfe im civilisirten Europa nachstehen mag«, berichtet er entzückt nach Hause. Seinen Lesern vermittelt er die Atmosphäre der Stadt: »Ein Viertel griechisch, ein Viertel türkisch, ein Viertel althellenisch und ein Viertel bayerisch.« Die vornehme Gesellschaft beschreibt er erstens als »nicht kleinstädtisch«, zweitens empfindet er es als angenehm, »daß sie in den wenigen Cirkeln, die sie in sich faßt, dennoch eine seltene Mannigfaltigkeit darbot, und drittens, daß Feste, Assembleen, Bälle usw., deren Langeweile man, einmal in der Gesellschaft lebend, doch nicht wohl vermeiden kann, hier nur selten stattfinden«.

In Athen macht er die Bekanntschaft mit dem jungen deutschstämmigen König Otto I. und seinem Vater, dem bayerischen König Ludwig I., der sich zufällig zu einem ersten Besuch bei seinem Sohn aufhält. Vater und Sohn zeigen sich dem berühmten preußischen Fürsten gegenüber wohlwollend. In Begleitung des österreichischen Diplomaten Anton Prokesch von Osten, den er in Athen kennengelernt hat, unternimmt Pückler Ausflüge in die Umgebung der Stadt, beispielsweise zum Poseidontempel von Sounion und zum Schlachtfeld von Marathon. In seinen Ausführungen schildert Pückler die deprimierenden Gefühle, die sich seiner beim Anblick der vergangenen Größe und des gegenwärtigen Niedergangs bemächtigen. Besonders auf der rückständigen Peloponnes wird er mit der rauen Wirklichkeit konfrontiert, Not und Elend sind nicht zu übersehen. Um nicht in den dreckigen, verwanzten Gasthäusern übernachten zu müssen, in denen Hygiene ein Fremdwort ist, konstruiert er eigens ein »Feldzeltbett« und nächtigt im Freien. Die Menschen der Gegend empfindet er als grob, ungesittet und ungebildet, sie können weder lesen noch schreiben. »Das Volk, das sich den Namen der Hellenen anmaßt, hat mit den Erinnerungen des Bodens nichts gemein«, konstatiert Diplomat Prokesch von Osten gegenüber dem gebildeten Aristokraten, der die riesige Kluft zwischen der glanzvollen Antike mit ihren magischen Namen und dem Zustand der Gegenwart als »tiefen Fall« beschreibt. Selbst legendäre Orte wie Delphi, Olympia, Mykene und Epidauros sind aus den antiken Ruinen nur spärlich zu identifizieren, denn systematische Ausgrabungen setzen erst in der zweiten Hälfte des 19. Jahrhunderts ein (z. B. in Olympia 1875 unter Ernst Curtius) und sind zu Pücklers Zeiten noch in weiter Ferne. Da bedarf es schon einer gehörigen Portion Imaginationskraft, sich aus den wenigen Trümmern, Säulen und Stelen ein Bild von der glorreichen Vergangenheit des Landes zu machen.

Der reisende Fürst erweist sich wieder einmal als scharfer Beobachter, drückt sich hinsichtlich seiner enttäuschenden Eindrücke aber vorsichtig und taktvoll aus, um niemandem auf die Füße zu treten. Dennoch haftet der Palette an Erfahrungen in Griechenland etwas Gutes an. Die schmeichelhafte Aufnahme allerorten hilft dem »Weltgänger«, den immer wieder auflodernden Schmerz über die unerfüllte Diplomatenkarriere endgültig zu begraben. In einem Brief an Lucie schreibt er: »Uebrigens überzeuge ich mich täglich mehr, daß es heutzutage nur noch dreierlei Art der Auszeichnung giebt. Ein großer Redner, ein großer Industrieller oder Banquier, oder ein beliebter Schriftsteller zu sein. Die Auszeichnungen, welche mir überall in Afrika wie Malta, und nun wieder in Griechenland *deshalb* zu Theil werden, übersteigen allen Glauben.« Dass Pückler nun endlich sein 1834 erschienenes, ihm nachgesandtes illustriertes Gartenbuch »Andeutungen über Landschaftsmalerei« in den Händen hält, trägt dazu bei, die verletzte Eitelkeit zu überwinden und sich auf dem Gebiet der Schriftstellerei wohltuende Streicheleinheiten abzuholen.

Die Begeisterung über seine Griechenlandtour hält sich bis zur Abreise im Januar 1837 in Grenzen. Gleichwohl erlebt er auch Schönes. Kleine Erlebnisse stimmen ihn froh, wie die Bewirtung durch die schöne Tochter des deutschen Architekten Baumgarten mit Wein und einem »vortrefflichen germanischen Rahm-Kirschkuchen« im Dorf Magula bei Sparta. Auch die dortigen Ruinen sieht er positiv: »Die Überreste Spartas … sind keineswegs so gering, als sie von den meisten angegeben werden, obgleich allerdings kein Gebäude davon sich, wie in Athen, zum größten Teile ganz erhalten hat.« Eine Seereise mit der »Nauplia« gerät zu einem genussvollen Höhepunkt, entspannt lässt er sich und seine Gefolgschaft zu den Kykladen – Milos, Paros, Naxos, Santorin – schippern. Auf den griechischen Inseln packt Pückler erneut der Forscherdrang. Er vergleicht, prüft, misst und überdenkt die Ergebnisse seiner im wissenschaftlichen Auftrag reisenden Zeitgenossen. Jelaffke schreibt über den Fürsten: »Einen Gegensatz von Bildung und Vergnügen gab es für den vielseitigen Preußen nicht, genauso wie ihm Kunstschaffen reinste Unterhaltung bedeutete.« (Jelaffke, 1993) Der nach stürmischen Jahren der Entbehrung aufgeblühten Weltstadt Athen macht Pückler sogar Komplimente, muss er doch »namentlich für den Aufenthalt in Athen gestehen, daß trotz jenes ominösen Titels [gemeint sind die »Griechischen Leiden«] doch auch manche Sonnenblicke diese trüben Tage erhellten. Denn oft haben Freuden, ja selbst hoher Genuß, sich mit den schmerzlichen Gefühlen gemischt, welche der tiefe Verfall einstiger Größe so unwillkürlich hervorruft, den fast unerträglichen Mangel an allen, dem verwöhnten Europäer nöthig gewordenen, Bedürfnissen ertragen helfen.« Dass zu diesen »Sonnenblicken« angeblich eine heimliche Affäre mit der bildschönen Ehefrau des Diplomaten Prokesch von Osten beigetragen hat, verschweigt er in seinen Aufzeichnungen.

Jedenfalls verlässt der Fürst im Mai 1836 aus unbekannten Gründen überstürzt die angemietete Wohnung, die neuen Freunde und die ihm lieb gewonnene Stadt Athen. Man munkelt, er wäre deprimiert Richtung Zakynthos abgereist. Die letzten drei Monate des Jahres

1836 hält sich der leicht moros gewordene Fürst auf der Insel Kreta auf, die damals unter der türkisch-ägyptischen Herrschaft von Mehmed Ali Pascha steht, einem Despoten, in dem der zur Heldenverehrung neigende Pückler wenig später eine Art orientalischen Napoleon sieht. Pückler nutzt seine Zeit auf der Insel, um mit spitzer Feder das Resümee seines Griechenlandaufenthalts zu formulieren. Die Bilanz fällt nüchtern aus: Er warnt vor glühender Hitze und halsbrecherischen Wegen, appelliert an Robustheit und gute Konstitution, denn nur »wer unempfindlich gegen den Aufenthalt in Wohnungen, ohne Fenster, mit durchsichtigem Dach ist, und Myriaden von Wanzen, Läusen, Flöhen und Moskitos sich mit philosophischer Geduld hinzugeben vermag, gelegentliche Raubüberfälle nicht scheut, zuweilen nur Brot und Zwiebeln, nebst lauem Wasser und geharzten Wein zur Nahrung und zum Getränk zu erhalten, wer Gestank und Schmutz nur mit chemischen Auge betrachtet, das in diesen Dingen nichts als Naturstoffe gleich anderen sieht; wer allem diesem gewachsen ist und nichts dawider hat, obige Zustände dreimal teurer als europäische Bequemlichkeit zu bezahlen, dem rate ich mit gutem Gewissen die Reise durch Griechenland an«.

Wie gut zur damaligen Zeit die Übermittlung von Briefen und Manuskripten aus der Ferne in die Heimat funktioniert, ist selbst aus heutiger Sicht noch erstaunlich. Es klappt jedenfalls so gut, dass bereits 1835 der Verlag Eduard Hallbergers in Berlin den ersten Teil von Pücklers Reisebeschreibungen zur Veröffentlichung bringen kann. Unter den Titeln »Vorletzter Weltgang von Semilasso«, »Traum und Wachen« und »Aus den

Papieren des Verstorbenen« erscheinen zeitnah in ersten drei Bänden Pücklers Eindrücke und sorgen für anhaltende Popularität und weiteren Geldfluss.

Ägypten

Ohne sein Arkadien gefunden zu haben, reist Pückler Anfang Januar 1837 von Kreta nach Ägypten. Wieder wendet er die bewährte Anmeldepraxis an und kündigt sich bei Mehmed Ali Pascha, dem berühmt-berüchtigten Herrscher, an. Über den angenehmen Reisebeginn berichtet Pückler: »Eine goldne, feurige Sonne leuchtete mir zum ersten Tage des neuen Jahres 1837, eine warme, balsamische Luft wehte über dem wollüstig sich schaukelnden Meere, doch schwarze Wolken rollten einzeln am Himmel … In höchster Pracht glänzte der Ida auf Kandia, vom frisch über Nacht gefallenen Schnee in ein flimmerndes Gewand fleckenlosen Weißes gekleidet … Sanft glitten wir in der bequemen Feluke über den Wasserspiegel hin und näherten uns mit taktmäßigen Ruderschlägen der Brigg des Vicekönigs von Ägypten.« Der ruhige Wellengang zum bedächtigen Reisebeginn weicht wenige Stunden später tosenden Brechern, und die Überfahrt auf der Brigg des Herrschers von Ägypten, der den adligen Gast aus Europa mit seinem Gefolge in sein Land transportieren lässt, ist mehr als stürmisch. Doch wer ist dieser umstrittene Vizekönig, der auch den Spitznamen »Napoleon Ägyptens« trägt und das rückständige Wüstenland zu einem modernen, wirtschaftlich prosperierenden Staat formt?

Um 1770 in der makedonischen Hafenstadt Kavala geboren, wächst Mehmed Ali Pascha ohne formale Bildung in bescheidenen Verhältnissen auf, bevor er zu dem mächtigsten islamischen Machthaber aufsteigt, dessen expansive Politik die internationale Diplomatie fasziniert. Seine imponierende Herrscherkarriere, die an ein Märchen aus Tausendundeiner Nacht erinnert, weist eine unrühmliche Schattenseite auf. Brutal und machtbesessen, beseitigte Mehmed Ali Pascha einst die Mamluken, Ägyptens traditionelle Herrscherkaste. Die als Bedrohung empfundenen Rivalen ließ der selbsternannte Pascha im März 1811 in eine Falle locken, um sie hinterrücks ermorden zu lassen. Das Gemetzel hat man ihm nicht vergessen, trotz der mittlerweile blühenden Landschaften mit zufriedenen Bauern und Arbeitern. Die blutige Vergangenheit und die brutalen Expansionskriege des »zweiten Salaheddin«, wie mancher Mehmed Ali Pascha nennt, interessieren seinen deutschen Gast, der vermutlich aus taktischen Gründen eingeladen worden ist, um Werbung für das Land zu machen, nur am Rande. Vielmehr imponiert Pückler dessen eindrucksvolle Aufbauleistung und das wirkungsvolle Industrialisierungsprogramm, dessen Erträge ihm der Vizekönig im Laufe seines Aufenthalts mit Stolz präsentiert und die Pückler dazu verleiten, ihn mit Friedrich dem Großen zu vergleichen, »den man damals auch genug deshalb tadelte und dem doch Preußen die Gründung seiner jetzigen so hochgestiegenen Industrie allein verdankt«.

Den einen gilt Mehmed Ali Pascha als Ungeheuer, als eiserner Dränger und Würger, als blutsaugender Vampir des Niltals, andere preisen denselben Mann als

»T[illegible] muslimischer Herrscher«, als den großen Restaurator des Orients. Diese zwiespältige Meinung über den Gouverneur der osmanischen Provinz, der mehr als vierzig Jahre lang das Schicksal Ägyptens bestimmen wird, ist auch in Europa verbreitet. Als Pückler den Lesern der Zeitung Augsburger Allgemeine im fernen Deutschland über die Wohltaten und Aufbauleistungen Mehmed Ali Paschas berichtet, kippt er unbeabsichtigt Öl ins Feuer. Er findet nämlich, dass dem Herrscher Gerechtigkeit zuteil werden soll, und weigert sich, ihn ausschließlich als brutalen Machthaber und herzlosen Egoisten darzustellen. Wütende Leserbriefe sind die Folge. Selbst heute schwankt das Urteil über den einstigen Herrscher, der mal als »neuer Pharao«, mal als wohlwollender Reformer wahrgenommen wird, in jedem Fall aber, darüber herrscht Einigkeit, als der Gründervater des modernen Ägypten gilt.

Der fürstliche Empfang in Alexandria, der dem 52-jährigen Hermann von Pückler am 3. Januar bereitet wird, übertrifft alles bisher Gebotene. Ein Blitzgewitter aus Gewehrsalven begrüßt den Ermatteten, der sich wenig an der ihm entgegengebrachten Aufmerksamkeit erfreuen kann, da er wieder einmal mit den Nachwehen einer üblen Seekrankheit zu kämpfen hat. Wie einem Staatsgast stellt man ihm »einen eleganten englischen Wagen mit zwei arabischen Pferden bespannt und mehrere riesige Kamele zum Transport meiner Effekten« zur Verfügung, später in Kairo wird ihm sogar ein Palais samt Dienerschaft gestellt, ohne dass Mehmed Ali Pascha eine finanzielle Gegenleistung erwartet. Diesen Komfort weiß der Dandy aus Deutschland zu schätzen, dem es durch diese Aufmerksamkeiten nach dem enttäuschenden Griechenlandaufenthalt leicht gemacht wird, seine Liebe zu Afrika zu erneuern.

Ob der Fernreisende ab und zu mit schlechtem Gewissen einen Gedanken an das winterlich kalte Muskau verschwendet haben mag? Jedenfalls zieht ihn nichts auf sein immer noch mit einer halben Million Taler hoch verschuldetes Anwesen in der Heimat zurück. Zu seiner guten Stimmung im sommerlich warmen nordöstlichen Afrika trägt sicherlich bei, dass die auf Staatskosten Ägyptens finanzierte Reise ihn nicht weiter belastet und er seine laufenden Kosten durch die Büchereinnahmen begleichen kann. Ärgerlich stimmt ihn höchstens, dass die Lieben zu Hause längst nicht so viel an ihn schreiben wie er an sie. Das ist allerdings Jammern auf hohem Niveau, denn wer kann schon einem Schreibbesessenen wie Pückler, der mehrmals am Tag zur Feder greift, das Wasser reichen? Als Handicap der besonderen Art erweist sich die Adresse in der Lausitz: Statt in Muskau verschwindet der eine oder andere Brief angeblich in Moskau. Die wenigen Nachrichten, die Pückler aus Preußen erreichen, klingen wenig beruhigend. Neben Lucies Mitteilungen und den in Schönschrift verfassten Briefen Varnhagens, die ihm die Lage in der Heimat schildern, setzt ihm die Zensur zu. Verblüfft nimmt er zur Kenntnis, dass man ihm seine einseitige Berichterstattung übel nimmt. Politische Anspielungen, die sich in seine feuilletonistischen Texte einschleichen, und die Stilisierung Mehmed Ali Paschas zum Friedensfürst bleiben in der Öffentlichkeit nicht unbemerkt. Er möge sich »möglichst keusch« ausdrücken, warnt Varnhagen eindringlich, damit Bücher und Texte ohne Probleme erscheinen können.

Kaum in Alexandria angekommen, besucht Pückler die Häuser der europäisch durchmischten Gesellschaft. Hier macht er neue Bekanntschaften, angefangen beim Generalstabschef der Marine über den französischen Diplomaten Ferdinand de Lesseps, einen »Elegant in der Wüste«, der zu diesem Zeitpunkt noch nicht ahnt, dass er eines Tages als erfolgreicher Erbauer des Suezkanals gelten wird, bis hin zu Minister Boghos Bey Yusufian, in dessen Villengarten, der »mit herrlichen Palmen und artigen Blumenparterres geschmückt« ist, der Ankömmling erste frische Datteln genießt. Pücklers wahres Interesse gilt aber nicht dem Gesellschaftsleben, sondern dem munteren Treiben der quirligen Stadt. Schlendernd beobachtet er das Straßengewirr der Orientalen, erfreut sich am sauberen Stadtbild und nimmt zur Kenntnis, dass hier fast preußische Ordnung und Pünktlichkeit herrscht, nicht das Chaos, das er aus Griechenland kennt. Beeindruckt äußert er nach einer Baustelleninspektion: »Da ich in den meisten Relationen [Berichten] über Ägypten die kläglichsten Jeremiaden über das Elend dieser unglücklichen Klasse gelesen hatte, so war ich nicht wenig verwundert, meistens kräftige, gesund aussehende und lustige Menschen zu finden, die singend und lachend ihre Arbeit verrichteten, von den Aufsehern höchst nachsichtig behandelt wurden ...«

Noch im Januar reist Pückler weiter nach Kairo. Schon die befremdlichen Gesänge der Seeleute auf dem Schiff prägen sich ihm nachhaltig ein: »Das Geschrei, Stöhnen, Wiehern und Singen dieser Araber bei allen Geschäften ist zuweilen belustigend, aber häufiger lästig. Oft klingt es, als wenn sie die Bastonnade [Stockschläge] bekämen oder sich in Kolikschmerzen wälzten, aber alles im Takt.« Kaum angekommen, schwärmt er von einem Ort mit Flair wie im Märchen.

In der blühenden Stadt am Nil macht er endlich die persönliche Bekanntschaft mit dem Khediven Mehmed Ali Pascha. Vermutlich hat er sich die sagenumwobene Gestalt gänzlich anders vorgestellt, denn er sieht sich bei dieser ersten Audienz einem untersetzten, freundlichen Greis mit auffallend gepflegten und wohlgeformten Händen ohne Ringe gegenüber, die »nur durch eine fast kokett zu nennende Frische und Reinlichkeit geschmückt« sind. In braunen Pelz gehüllt, mit einfachem rotem Fez auf dem Kopf, der in Ägypten Tarbusch genannt wird, wirkt der gefürchtete Alte mit den durchdringenden Adleraugen und dem sanften Lächeln gänzlich anders als sein Ruf und lässt »unwillkürliche Zuneigung und nicht die mindeste Scheu« aufkommen. Pückler ist angenehm überrascht von seiner ruhigen, zurückhaltenden Art.

Über sein elegantes Quartier berichtet er Lucie: »Du trittst in den Diwan (ein Saal mit Ottomanen rings umher, und ungeheuren silbernen Kirchenleuchtern am Boden, englische Kronleuchter an der Decke), und siehst eine Reihe der Vornehmsten der Stadt im traulichen Gespräch begriffen, und aus Pfeifen, mit Diamanten und Edelsteinen besetzt, rauchen. Auf dem Ehrenplatz, in der Mitte sitzt der Gastgeber, du näherst Dich ihm – ich hoffe respektvoll – und siehe, wer ist es? – Dein Lou. – So behandelt mich der Vizekönig.« Mit Sinn fürs Zeremonielle und Freude registriert der deutsche Gast die feinen Nuancen zwischen seiner Behandlung und der des Vizekönigs. Seiner präzisen

Beobachtung entgehen auch die Umgangsformen nicht, die im Orient eine wichtige Rolle spielen: »wie man sich je nach Rang neben den Vizekönig auf die Ottomane zu setzen hat: 1.) mit einem untergeschlagenen Beine auf dem Rand der Ottomane, 2.) auf beiden Knien, aber etwas entfernt, ganz darauf Platz nehmend, ohne sich anzulehnen, 3.) endlich es sich nach Belieben bequem machend, wo man vertraut oder gleich und gleich ist«. Kaum ist der Fürst eingetreten, entspinnt sich bei Wasserpfeife und Kaffee eine muntere Unterhaltung zwischen den beiden »Alphatieren«.

Schnell wird das Ziel des Herrschers deutlich, den Vertreter des deutschen Hochadels für seine Interessen zu gewinnen. Denn weshalb hofiert der Begründer des modernen Ägypten den Fürsten? Warum der Aufwand und die Großzügigkeit? Zum einen benötigt der Vizekönig wegen seiner umstrittenen Persönlichkeit gute Presse, und Pückler gilt als wichtiger Berichterstatter, zum anderen hat der Deutsche bereits in der Vergangenheit vorteilhaft über ihn berichtet. Um ihn gewogen zu halten, zeigt sich der Statthalter deshalb gern spendabel und von seiner besten Seite, als hätte er einen modernen PR-Berater, der weiß, was gutes Renommee wert ist. Im Gespräch erläutert der Pascha sein Erfolgsrezept für die Modernisierung seines Landes und artikuliert die Hoffnung, Pückler werde mit dem, was er bereits geleistet habe, zufrieden sein, obgleich er bittet, keine europäischen Maßstäbe anzulegen. Mehmed Ali Pascha stilisiert sich zum bewundernswürdigen Friedensfürsten, der seine Kräfte der Industrie und dem Ackerbau widmet, um Ägypten im merkantilistischen Sinn autark zu machen. »Bald«, prognostiziert er stolz,

»wird dieses Land wenigstens imstande sein, sich im Notfall unabhängig von andern Ländern und ihren Produkten eine Zeit lang selbst genügen zu können. Deshalb, und nicht bloß des Gewinnes wegen, obgleich auch dieser mir nicht entgeht, lege ich eine so große Anzahl neuer Manufakturen und Fabriken an.«

Obwohl Pückler das harte Regiment des Khediven für segensreich hält und sich von der zivilisatorischen Aufgabe des Paschas beeindruckt zeigt, die ihn zu mancher Schönfärberei verleitet, wahrt er innere Distanz. »Es ist wahr, dass Napoleon immer dasselbe zu versichern pflegte«, bemerkt er. Ein leichtes Unwohlsein schleicht sich ein, als er das gebildete Oberhaupt näher kennenlernt: »Indes ist doch nicht zu leugnen, daß ungeachtet des stets humanen Betragens Mehemed Alis und seines meist freundlich milden Blickes, der ihm das Ansehn eines der gutmütigsten unsrer christlichen Monarchen gibt, dieser Blick doch zuweilen ... einen ganz eignen Ausdruck bitteren Mißtrauens annimmt, bei dem dann das etwas unheimlichere türkische Element ... voll hervortritt.«

Weil der Pascha den Gedankenaustausch mit Pückler schätzt und er ihm sein leistungsfähiges Reich zeigen möchte, begleitet der Fürst den Vizekönig im Februar 1837 auf eine Inspektionsreise Richtung Oberägypten, die ihn an die Grenzen der »zivilisierten Welt« bringen wird. Doch bevor es losgeht, Mehmed Ali Pascha ist schon vorausgeeilt, erbittet sich Pückler noch etwas Zeit, um die Hauptstadt Kairo besser kennenzulernen. Dazu gehört die Besichtigung von Sehenswürdigkeiten wie den Altertümern und der Schiffswerft. Selbstverständlich gehört der Besuch auf einem Sklavenmarkt darin. Sinnlos, sich über diese »niederschlagende« orientalische Einrichtung »menschlicher Herabwürdigung« aufzuregen, die damals zum Stadtbild gehörte. Pückler beobachtet scharf wie immer. Ihm entgeht nicht, dass die spärlich bekleideten Frauen und Mädchen »im Kostüm ihres Landes« eher gleichgültig als unglücklich wirken und sich geduldig begutachten und anfassen lassen. Natürlich kann Pückler, der stets an den Eigenheiten seiner Destinationen interessiert ist, nicht widerstehen, die »Verkaufsobjekte« zu prüfen. Neben dem kritischen Blick auf Zunge und Zähne, wie es bei Pferden üblich ist, gehört das Entblößen der Sklavinnen und die persönliche Überprüfung der weiblichen Reize zu den Selbstverständlichkeiten – gerade so, als handle es sich um das Feststellen des Reifegrades einer frischen Orange.

Bei mindestens einem Mädchen kommt der Fürst in Wallung, der Gedanke an bevorstehende einsame Reisenächte mag dabei eine Rolle gespielt haben. Als der Verkäufer ein großes Tuch lüpft, erblickt Pückler ein hinreißendes »Angebot« in vollkommener Perfektion. Makellos gewachsen, karamellfarben, die »treueste Kopie einer Venus von Tizian, nur in schwarzer Manier«, wie er später das liebliche Kind unter Rücksichtnahme auf die Prüderie seiner Zeit, die offenere Worte nicht zulässt, beschreibt. »Woher in des Himmels Namen haben diese Mädchen, die barfuß gehen und nie Handschuhe tragen, diese zarten, gleich einem Bildhauermodell geformten Hände und Füße; sie, denen nie ein Schnürleib nahekam, den schönsten und festesten Busen; solche Perlenzähne ohne Bürste noch Zahnpulver, und obgleich meistens nackt den brennenden

Sonnenstrahlen ausgesetzt, doch eine Alabasterhaut, der keine europäische gleichkommt und deren dunkle Kupferfarbe, gleich einem reinen Spiegel, auch nicht durch das kleinste Fleckchen verunstaltet wird?«, fragt sich Pückler entzückt. Voll Sorge, dass ihm jemand die »appetitliche Wilde« namens Ajiamé, deren Alter auf zehn bis fünfzehn Jahre geschätzt wird, wegschnappen könnte, legt der Fürst, ohne zu feilschen, die geforderte Summe für das Geschöpf, an dessen Schönheit er sich nicht sattsehen kann, auf den Tisch.

Der Kauf evoziert eine Konfusion in der Pückler-Forschung, denn ob der Fürst wirklich nur ein abessinisches Mädchen ersteht oder ob später in Khartum noch ein weiteres dazukommt und die beiden für die Nachwelt zu einer Person namens Machbuba (arabisch für Geliebte oder Liebling) verschmelzen, bleibt unklar. Die neueste Forschung geht von letzterer Version aus, doch eine belegbare Rekonstruktion der Episode ist kaum möglich, zumal auch Pücklers Bedienstete Sklavinnen wie »Handelsware« kaufen und man an manchen Stellen in Pücklers Aufzeichnungen den Eindruck bekommt, er verschleiere mit Absicht sein dubioses Intimleben. Nur eines ist klar: In Europa kommt er 1839 lediglich mit einem Mädchen namens Machbuba an. Wo das andere Mädchen geblieben ist, darüber kann wieder einmal nur spekuliert werden.

Eine ungleiche Liebe

Die Sklavin Machbuba

Mit dem Erwerb des Mädchens beginnt dessen Freiheit. Die kindliche Schöne soll sich in Pücklers Haus frei bewegen, ohne die einschränkenden Fesseln der Sklaverei erdulden zu müssen, obwohl sie am Anfang wohl kaum eine Vorstellung von diesem Zustand hat und der Fürst ihre völlige Abhängigkeit von ihm genießt. Pückler macht die junge Exotin mit dem »chiffonierten Charaktergesicht«, deren Körper schon in voller Blüte steht, die aber geistig noch wie ein unbeschriebenes Blatt wirkt, zu seinem Studienobjekt. Dass es ihm einzig darum geht, »den Charakter dieses originellen Mädchens zu studieren, an der die Zivilisation noch nichts hatte verderben noch verbessern können«, dürften ihm seine Leser kaum abgenommen haben, zumal sie die Schlafkajüte auf der Reise mit Pückler teilt und ihm zuflüstert, er sei »ihr Herr und habe zu gebieten, was sie sein und was sie tun solle«.

Die Pflicht ruft. Am 21. Februar macht sich der Lausitzer Standesherr auf, seinem Gastgeber Mehmed Ali Pascha auf einem der beiden zur Verfügung gestellten Barken nachzureisen. Die schmalen, aber geräumigen Wasserfahrzeuge, sogenannte Kangschen, sehen aus wie schwimmende Häuser und sind sogar im Orient etwas Besonderes. Mehmed Ali Pascha nimmt sich Zeit für seinen Besucher, zeigt ihm Land und Leute. Gemeinsam geht es auf Tour. Die Konversation und Vertrautheit zwischen den beiden setzt an jener Stelle wieder ein, an der sie vor Wochen aufgehört hat. Das Mädchen bleibt für einige Tage in der Obhut eines »gebildeten Türken, der die Europäer liebt und ihnen mit Freuden jede Gefälligkeit erzeigt, die in seinen Kräften steht«. Tschibuk rauchend reiten die beiden Männer durch das kultivierte Niltal, dessen eintönige Umgebung Pückler in poetische Worte fasst: »Palmwälder und Zuckerrohrplantagen, welche letzteren mit einem Apfelgrün schimmerten ... wie es nur die Gouachebilder der alten Mönchschriften aufzunehmen wagen.« In dem unermesslich großen Reich, das vom Taurus bis an die Grenzen Abessiniens reicht und in dem dank Mehmed Ali Pascha nun wieder mit Gold beladene Reiter, die zuvor bei jedem Schritt Überfälle und Tod hatten fürchten müssen, sicher und ohne Furcht zwischen Meer, Nil und Wüste umherziehen können, bekommt Hermann von Pückler nun die Früchte der Industrialisierungspolitik zu Gesicht. Von der Glasfabrikation über Druckereien und Papiermühlen bis hin zu Ölmühlen und Baumwollfabriken reicht die Palette der Leistungswirtschaft, deren straff organisierter, staatlich kontrollierter Produktivität nichts mehr vom Schlendrian vergangener Zeiten anhaftet. Es entgeht dem sächsischen Gast nicht, dass der Staatsmonopolist ohne die Hilfe ausländischer Techniker wohl kaum diesen beispiellosen Aufstieg hätte hinlegen können, der sogar Spezial-Colleges für Medizin und Pharmazie, Schulgründungen und Erziehungseinrichtungen hervorgebracht hat.

Doch bei allem Staunen über die Entwicklung des chaotischen Wüstenstaats zu einer modernen, funktionssüchtigen Gesellschaft gilt Pücklers vorderstes Interesse der Natur und den Gärten. Bewunderung zeigt er beispielsweise für die orientalische Schöpfung des Sommerpalasts des Herrschers in Schubra, gelegen in einer wunderschönen Gartenanlage mit Rondellen und reicht geschmückt mit Vasen und Pavillons, deren Eleganz »mehr als eine potenzielle Küchen- und Obstplantage« ausstrahlt. Da sein vornehmliches Interesse exotischen Pflanzen, Landschaften und orientalischen Gärten gilt, machen nicht einmal die berühmte Sphinx und die altägyptische Cheops-Pyramide, die damals tief verschüttet im Wüstensand ruht und ihn an das Kreuzberg-Denkmal in Berlin erinnert, einen so großartigen Eindruck auf ihn wie die Schlossanlage. Vom Innern der großen Cheops-Pyramide, einem »Heiligtum, das nur aus ein paar elenden, dunklen Zimmern von den Dimensionen einer Bedienstetenstube besteht … ohne eine Spur von Schrift, Verzierung und Bildwerken«, zeigt er sich enttäuscht. Nur der Fernblick von der Pyramide, die er kurz vor Sonnenuntergang mit seinen Begleitern in 15 Minuten gemächlich erklimmt, »entzückt durch eine der herrlichsten, wenigstens gewiß eigentümlichsten Aussichten auf der Erde«. Selbstkritisch zieht er nach der Weiterreise Bilanz, denn weder Sandstürme noch Hitze, Krankheit oder die wieder häufiger auftretenden Kopfschmerzen halten den Fürsten vom Notieren seiner Erlebnisse ab: »Als ich durch die Eintönigkeit der Wüste meinen Weg fortsetzte, zürnte ich fast auf mich selbst, von mehr als einem gotischen Bau des Mittelalters lebhafter angeregt worden zu sein als von diesen berühmten Weltwundern … Der Triumph der Kunst muß höher stehen als der der bloßen Masse.«

Dem schwierigsten und außergewöhnlichsten Streckenabschnitt seiner etwas über ein Jahr dauernden Erkundigungsreise in Nubien und dem Sudan widmet sich der Orientreisende vom 13. April bis Ende August 1837. Er reist auf eigene Faust, ohne den Herrscher über das osmanische Reich, dafür aber mit einer Schar bunt gemischter Bediensteter, die er sich im Laufe der Reise auf dem Nil zugelegt hat. Neben einigen Exsklavinnen und dem einheimischen Schiffspersonal gehören der Münchner Stabsarzt Dr. Max Koch, Pücklers Sekretär Graf Tattenbach, der Kammerdiener Friedrich Ackermann, der aus Kreta stammende Page Jannis, der Übersetzer Giovanni aus Italien sowie der mit der französischen Küche rudimentär vertraute Koch Ibrahim aus Kairo zur Truppe – nicht zu vergessen ein lieb gewonnener Hund namens Susannis aus Sparta. Als der Page kurz nach dem Auslaufen des Schiffes über Bord fällt, löst der Unfall keine große Trauer aus. Die abergläubischen Matrosen bemerken ungerührt: »Jetzt wird die Reise glücklich sein, denn der Nil hat sich sein Opfer im voraus geholt.«

Machbuba bekommt ihr Lager in der Schlafkajüte ihres Herrn zugewiesen, diskret hinter einem Vorhang. Seinen Lesern gegenüber wahrt Pückler stets schicklichen Anstand, versichert, er habe die Halbnackte »in dezente morgenländische Kleider mit Strümpfen und gelben Pantoffeln gehüllt, die mich nur ihr Antlitz und zuweilen ihre wundervolle Hand mit einem Teil des runden Armes erblicken lassen«. Aber auch an dieser Stelle ist die Forschung uneins. Für die einen beginnt eine zarte Liebesgeschichte, für andere klingt es eher nach einer Widerspenstigen Zähmung, denn er sperrt

Die abessinische Sklavin Machbuba, um 1840

sie wohl in »ein kleines mit Blei ausgeschlagenes Badekabinett«, in dem sie 24 Stunden lang wie in einem Gefängnis gehalten wird und durch dessen Fenster die nötigsten Nahrungsmittel gereicht werden. Gleichwohl wird der Orientreisende nicht müde, die anmutige Schönheit und die Verhaltensweise der jungen Frau wie ein Forscher zu studieren. Verwunderung bereitet ihm ihre einseitige Ernährung aus Apfelsinen, Brot und Milchreis. Fleisch rührt sie gar nicht an, morgens und abends nimmt sie nur wenig Nahrung zu sich. Erfreut zeigt sich der Preuße über ihre pedantische Reinlichkeit, denn er hatte befürchtet, sie »erst Sitten lehren« zu müssen. Religiöse Waschungen nach jedem Essen, morgens und abends ein Bad, Zähneputzen und das Polieren der »Perlenzähne« mit einer besonderen Wurzel genügen, um Pückler von »einer vollständige[n] Abwesenheit menschlicher Unannehmlichkeiten an einem weiblichen Körper« schwärmen zu lassen. Was das in Hinblick auf seine Erfahrungen mit anderen Frauen zu bedeuten hat, bleibt sein Geheimnis. Eine Besonderheit ist, dass sich das Mädchen nach jeder Mahlzeit das übrig gebliebene Fett auf Haut und Haar schmiert. Wie mit einer kostbaren Salbe wird der braune Körper damit zum Glänzen gebracht.

Pücklers junge Gefährtin, mangels Sprachkenntnissen isoliert und nach Landessitte verschleiert, langweilt sich bald. Ihr Abu (Gebieter) begegnet ihrer zunehmend schlechten Stimmung (oder litt sie unter Depressionen?) mit erzieherischer Härte. Verstärkt wird die Abhängigkeit Machbubas von ihm durch eine private Sprache, denn er lehrt sie Italienisch, eine »Separatsprache«, mit der sie sich im Orient und später in Europa nur mit wenigen verständigen kann, womit sie von der Gesellschaft ausgeschlossen ist. Verschiedene Quellen berichten von einer hervorragenden Auffassungsgabe des Mädchens, die dazu führt, dass es ihm bald den Haushalt besorgt, die Reisekasse verwaltet und pflegerische Dienste übernimmt, als der Schiffsarzt während einer schweren Erkrankung ausfällt. Kompetent sorgt es für eine Spezialdiät aus kleinen grünen, zitronenartigen Früchten – selbstgepflückt! –, die zusammen mit ein paar tiefen Schlucken des mitgeführten Jamaikarums genossen werden sollen. Dank dieser Behandlung gesundet der Fürst überraschend schnell. Dienend und gebend, entwickelt sich das abessinische Kind nach und nach zu Pücklers »Beherrscherin«.

Als der abenteuerlustige Fürst über Nubien immer weiter Richtung Sudan vordringt, mit der selbstgestellten Aufgabe, die Quellen des Weißen Nils zu entdecken, um die einmalige Chance zu nutzen, als Forscher ernst genommen zu werden, eröffnet sich ihm eine völlig fremde Welt. Dass er weiß, welche Strapaze ihn erwartet, darf man bezweifeln. Pücklers Feststellung, dass nur »die beharrlichsten der Touristen« über Abu Simbel hinaus ihren Weg fortsetzen, lässt jedoch darauf schließen, dass er ahnt, welch hohe Anforderungen an Konstitution, Gesundheit und Begleitumstände auf ihn und seine Mannschaft zukommen, obwohl die Strecke überwiegend mit dem Boot auf dem Nil zurückgelegt wird.

Die klimatischen Bedingungen werden extremer, die landschaftlichen Eindrücke eintönig: Bäume mit kahlen Stämmen und kleinen Kronen, dürrer Sandboden mit spärlichen, vertrockneten Gräsern bestimmen bald das Bild. Die unendlich erscheinende Wüste beschreibt er als »geheimnisvolle, unabsehbare unbekannte Oede«. Der Fürst fühlt sich von der monotonen Landschaft unangenehm an Muskau erinnert. Die extreme Hitze versetzt ihn zeitweise in Todesangst. Je weiter sich die Reisegruppe von der städtischen Zivilisation entfernt und der Wildnis nähert, desto mehr schlägt die Begeisterung in Ernüchterung um.

Trotzdem beschreibt der Forschungsreisende, dessen Neugier den Blick offen für Sitten und Gebräuche hält, in Nubien und dem Sudan mehr als siebzig Orte, an denen er Rast macht, Überreste aus der Antike bewundert, Tiere beobachtet, Menschen studiert, im Nil badet oder in der Wüste Gefahren übersteht. Er beobachtet »die Verschiedenheit der am Nil lebenden Völker, der sesshaften Bauern, die das fruchtbare Land entlang des Nils mit seinen prachtvollen Galeriewäldern und ertragreichen Äckern bearbeiteten genauso wie der auf Dromedaren umherziehenden Nomaden … Ein besonderes Augenmerk galt der Sphäre der Frauen, deren Form des Schmucks, der Kleidung, der Ausübung häuslicher Tätigkeiten aber auch des Tanzens, die sich von denen der eigenen Kultur immens unterschied.« (Volker-Saad, 2018) Dass ihm die Sinnesfreude durch die Hitze nicht komplett abhandenkommt, belegt sein Bericht über die Anlage von al-Musawwarat as-sufra: »Der Gedanke also, mich in einem ehemaligen Lustschloß der gebildeten und lebenslustigen Königin Candace zu befinden, die ich mir natürlich als eine ungemein schöne und graziöse Schwarzbraune vorstellte, gab der Besichtigung des vor mir liegenden Labyrinths von Gemächern, Treppen, Gängen, Höfen, Säulenhallen, Tempeln und Mauern ein doppeltes Interesse, was einigermaßen der Müdigkeit, welche das beschwerliche Durchirren derselben herbeiführte, und der dumpfen

Hitze, die uns noch dazu nicht wenig belästigte, die Waage hielt.«

Insgesamt sind die literarischen Erträge der Ägyptenreise gewaltig. In sechs Bänden schildert Pückler alias Semilasso seine orientalischen Abenteuer dem wissbegierigen Publikum in der Heimat in leicht zugänglichem Schreibstil. In keinem seiner Bücher beschreibt Pückler so sensibel Landschaften und Stimmungen wie in diesen beiden letzten Büchern, die bis heute eine vergnügliche Lektüre darstellen. Die mehrbändige Reisebeschreibung, die 1844 unter dem Titel »Aus Mehemed Alis Reich« und 1846 als »Die Rückkehr« (der letzte Band erscheint erst 1848) auf den Markt kommt, steht in einer Reihe mit beliebten Schriften über den Orient, die seit Napoleons Feldzug 1802 in Mode gekommen waren. Das europäische Interesse am geheimnisvoll-märchenhaften Orient und dem exotischen »Land der Tyranney« (Ägypten) wird durch Orientmode und Turquerie verstärkt. Erste »Orient-Touristen« machen sich auf, die beschriebenen Sehens- und Merkwürdigkeiten mit eigenen Augen zu sehen. Die wissenschaftliche Erforschung der altägyptischen Kultur leistet für den deutschen Leser der preußische Ägyptologe Karl Richard Lepsius. Die populären Reiseberichte des Zeitzeugen Pückler und der französischen Orientreisenden François-René de Chateaubriand und Alphonse de Lamartine, die auch Pückler kennt, tragen dazu bei, den Orient als imaginären Sehnsuchtsort zu etablieren. Allerdings plagen selbst Pückler zwischenzeitig Zweifel an seinem Tun und der Wirkung auf seine Leser: »Was ist am Ende unsre eigne Konversationslexikongelehrsamkeit bei einem Leben wert, das meistens so tatenlos wie das einer Kohlpflanze verstreicht?«, bemerkt er bedrückt.

Auf dem letzten Abschnitt seiner langen Reise besucht Pückler Länder, die für die französischen Romantiker von großer Bedeutung waren. Es sind das Heilige Land, der Libanon und Syrien. Als eine Korvette der ägyptischen Regierung, mit Pückler und seiner Entourage (angeblich gehören jetzt vier Sklavinnen und zwei Sklaven dazu!) an Bord, am 14. Januar 1838 in Alexandria ablegt, um Jaffa anzusteuern, gibt es weder Kanonenschüsse noch Gewehrsalven. Leise, ohne Getöse, verlassen Ajiamé und die in Khartum gekaufte Machbuba (?) ihre afrikanische Heimat, die sie in ihrem kurzen Leben nicht wiedersehen werden. Wegen seiner guten Beziehungen zu dem ägyptischen Herrscher Mehmed Ali Pascha wird Hermann von Pückler vom Gouverneur Jerusalems wie ein offizieller Staatsgast empfangen – eine Situation, die ihm schon fast zur Gewohnheit geworden ist und vermutlich wenig anders ausgefallen wäre, hätte er es zu der ersehnten diplomatischen Laufbahn gebracht. Pücklers Ankunft, die mit donnernden Kanonen und einer »glänzenden Feierlichkeit« einhergeht, gleicht hier wieder einem Triumphzug.

Zum Zeitpunkt seines Einzugs durch das Tor von Hebron in Begleitung von hundert Reitern und Privatleuten ist die seltsame Freundschaft zwischen Pückler und Mehmed Ali Pascha auf ein Mindestmaß abgekühlt. Auslöser dafür ist ein Artikel in der Augsburger Allgemeinen, in dem sich Bemerkungen über die korpulente Beschaffenheit des an Fettsucht erkrankten jüngeren Sohns des Vizekönigs, Said Bey, finden und der durch eine reißerisch formulierte Überschrift unerwartete Aufmerksamkeit erfährt. Als Mehmed Ali Pascha der Artikel »Der dicke Prinz« in Übersetzung vorliegt, sinkt die freundschaftliche Stimmung. Von diesem Augenblick an bemerkt der betrübte Pückler eine gewisse Kälte gegen sich, die ihn veranlasst, den Kontakt zu reduzieren. Allerdings, so kennt man Pückler, gelingt es ihm, die gleichen großzügigen Konditionen für die Weiterreise auszuhandeln. Das heißt, die komplette Übernahme der Reisekosten ist weiterhin gewährleistet.

Ob es an der sich langsam einschleichenden Reisemüdigkeit liegt oder an den vielen nicht mehr zu steigernden Eindrücken – der letzte Abschnitt seiner Reise durch den Vorderen Orient wird für Pückler der am wenigsten erfreuliche. Dennoch besucht er in Begleitung von Machbuba den Sehnsuchtsort vieler Pilger, die heilige Stätte Jerusalem. Die Geliebte weicht ihm mittlerweile nicht mehr von der Seite und wächst ihm immer stärker ans Herz. Der kultivierte Fürst und das Naturkind verschmelzen zu einer Gemeinschaft von Geben und Nehmen. Pückler ist verzaubert von der Anmut der Schönen, schwärmt von ihrer makellosen rötlich braunen Farbe, die mit »märchenhaftem Glanz« behaftet ist, und einem Teint, der aussieht, als sei ein »dunkle[r] Seidenflor über Goldplatten ausgebreitet«, und der ihre Haut wie »Atlas und Sammet« erscheinen lässt. Über Jerusalem schreibt er weniger euphorisch: »Die Stadt selbst ist so schmutzig und elend als fast alle orientalischen Städte in der Nähe gesehen, und ihre Bevölkerung von Juden, Türken und Mönchen diesem Charakter sehr entsprechend. Ich muß bekennen, der

Eindruck des Ganzen, Gegend, Stadt und Menschen, je mehr ich sie kennen lernte, war von der Art, daß es mir einigermaßen schwer ward, mich in der vollen Höhe jener heiligen Stimmung zu erhalten, die doch einem christlichen Pilger, auf diesem geweihten Boden stehend, so natürlich ist.« Auch vom Umland der Heiligen Stadt zeigt sich der Deutsche enttäuscht. Er klagt über die »tote Landschaft um Jerusalem«, ein »durch einander geworfenes, rauhes Steinmeer«, das ihn »traurig, wüst und trostlos im höchsten Grade« stimmt. Das, was der Parkomane auf Reisen am meisten schätzt, nämlich einen weiten, malerischen Blick und blühende Landschaften, findet er hier nirgends.

Nur Machbuba kommt bei einem Ausflug entlang des Jordans auf ihre Kosten. Sie entdeckt einen ihr bekannten Strauch, der »eine Frucht von Gestalt der Dattel trägt, die einen starken Schokoladengeschmack hat« und dessen Holz zum Reinigen der Zähne verwendet wird. Beglückt über den unverhofften Fund, schnitzt sie Zahninstrumente daraus und besteht darauf, einen Vorrat des »wohltätigen Holzes« mitzunehmen.

Bedrückt von seinem »kümmerlichen Eindruck von Oede und Melancholie«, aber erfüllt von seinen starken Gefühlen für das Mädchen, geht es bald weiter in den Libanon. Dabei dienen dem preußischen Fürsten die französischen Reiseberichte Chateaubriands und Lamartines als Muster, obwohl er an Letzterem scharfe Kritik übt, denn er teilt nur wenige seiner drei Jahre zuvor gemachten Eindrücke. Gleichwohl nutzt er Lamartines Besuch bei der englischen Abenteurerin Lady Hester Stanhope als Vorlage für einen persönlichen Besuch bei der exzentrischen Dame. Stets auf der Jagd nach neuen Sinneseindrücken, sieht er die legendäre Mystikerin, die seit Jahrzehnten abgeschieden in einem Kloster in den libanesischen Bergen residiert, als ein attraktives Besuchsziel. Neugierig, wie Pückler nun mal ist, reizt es ihn, die Bekanntschaft der misanthropischen Hochadeligen, einer »Sybille des Libanons«, zu machen. Seine Mischung aus Galanterie und Draufgängertum zeigt bei der »Königin der Wüste« die gewünschte Wirkung. Obwohl sie normalerweise europäischen Besuch ablehnt und ein einsiedlerisches Dasein führt, ist Pückler willkommen, und ist er schon einmal da, darf er sogar acht Tage bei der »Seelenverwandten« bleiben, für die er die 62-Jährige hält. In anregenden Mondscheinnächten lauscht Pückler gebannt den Gedanken und Visionen der eigensinnigen Lady, in deren Stall zwei Pferde für den Einzug nach Jerusalem parat stehen, eines für sie und eines für den Messias, auf dessen Wiederkehr sie wartet. Der nüchterne Verstandesmensch aus Deutschland zeigt sich offen für den Okkultismus und lässt sich von der Traumsphäre des Mystischen einfangen. »Pückler war einer der ersten Esoteriker« (Jelaffke, 1993).

Nach Abschluss des anregenden Besuchs bei der Exkönigin von Palmyra, bei dem er seinen Drang, Naturschönheiten kennenzulernen, gegen die »tätige Befriedigung von Neugierde« eintauscht, geht es von Damaskus aus weiter Richtung Aleppo. Dort angekommen, muss Pückler, von Krankheit geschwächt, drei Monate rasten, bevor er am 18. September 1838 die Heimreise antritt. Seit Monaten rumort es in ihm, längst ist ihm bewusst, dass er die Rückkehr nicht weiter aufschieben kann. Er rätselt, wie er Lucie und dem prüden Friedrich Wilhelm III. seine untrennbar mit ihm verschmolzene Kindfrau Machbuba erklären soll, die er mit nach Hause zu nehmen gedenkt. Unangenehme Vorfälle in Syrien verfinstern bald den angenehmen Aufenthalt unter dem Schutz von Soliman Pascha und geben den endgültigen Ausschlag, nach sechs Jahren Abwesenheit über die Inseln Rhodos und Kos auf das europäische Festland zurückzukehren. Allerdings in langsamem Tempo und gemächlich, im Bewusstsein, dass das Glück mit der Afrikanerin nicht von Dauer sein wird und die Zeit mit ihr einmalig ist.

Aus der Ferne tut er sich schwer mit seinem Besitz in der Lausitz. Er empfindet den Grundbesitz als Bedrohung, wie ein Klotz am Bein und nicht als vertrauten Ruhepol, an den er nach den langen Jahren der Abwesenheit gern zurückkehrt. Auch Lucies Klagen über die nicht enden wollende Reise, die ihn aus der Heimat immer wieder erreichen, belasten ihn und bewirken eine trotzige Reaktion. Die weinerlichen Briefe der alternden Freundin zehren an seinen Nerven und heizen seine Reiseleidenschaft eher an, als dass sie Heimwehgefühle auslösen. Beklemmende Gedanken an die Zukunft blendet der Schriftsteller aus, obwohl sich Lucies Ton in der Korrespondenz verschärft, denn dank ihres feinen Gespürs hat sie längst gemerkt, dass etwas nicht stimmt. Pückler, der die Angewohnheit hat, bei der Verflossenen Gefühlsregungen abzuladen, ist verdächtig stumm geworden. Die sonst üblichen Details seiner Liebschaften, Freuden und Kümmernisse bleiben seit geraumer Zeit aus. Doch statt Farbe zu bekennen und von dem glühenden Gefühl für Machbuba zu berichten, hüllt er sich feige in Schweigen.

Lieber berichtet er scherzend, der Ablenkung halber, von einer »Menagerie«, die er mit nach Hause bringen möchte und »die gegenwärtig aus zwei weiblichen Sklavinnen, von denen eine nur zehn Jahre alt ist, aus den beiden Knaben, dem Abyssinier und dem Neger, zwei Gazellen, zwei Affen, einem Dromedar usw.« besteht.

Mag »Schnucki« auch verstimmt sein – sie kann doch von ihrem geschiedenen Mann nicht lassen. Ob es sich um echte Gefühle für den Unsteten handelt oder ihre Anhänglichkeit eher auf ihrer Abhängigkeit beruht, weiß man nicht. Nüchtern betrachtet hat der Exmann ihre Mitgift durchgebracht, und sie ist auf sein Wohlwollen angewiesen. Selbst Zeitungsartikel, die durch Berichte über ihren »Lou« und seinen Harem ihre Laune verfinstern, können nicht verhindern, dass sie seine Manuskripte redigiert und sich am preußischen Hof stets für Muskau und den Geschiedenen einsetzt. Sie bewirkt sogar, dass ihm der begehrte Rote Adlerorden, der preußische Verdienstorden höchster Klasse, verliehen wird – eine weitere Trophäe für den von Auszeichnungen besessenen Fürsten, der nicht davor zurückschreckt, bei glühender Hitze im Orient an sein nomadisches Fantasiekostüm den Wladimir-Orden zu pinnen, der ihm einst von Zar Alexander I. während der Napoleonischen Kriege verliehen wurde. Bei all ihrem Engagement für den Exmann und seinen Besitz betrübt es die mittlerweile rundlich gewordene Matrone von 62 Jahren, wiederholte Andeutungen Pücklers über den Verkauf Muskaus entgegennehmen zu müssen, der sich durch diese Maßnahme seiner finanziellen Nöte ein für alle Mal zu entledigen gedenkt. Lucie muss die Ankündigung als undankbar und herzlos empfunden haben, ist doch Muskau längst ihre Heimat geworden, die sie in seiner langjährigen Abwesenheit gemeinsam mit Parkinspektor Rehder verantwortungsbewusst verwaltet und deren Einnahmen sie vermehrt hat. Doch Pückler, dank der Gastfreundschaft zahlreicher Herrscher, Scheichs und Gouverneure sowie der Honorare für die zahlreichen Reiseberichte vorübergehend ohne Geldsorgen, möchte einen Schlussstrich unter das düstere Kapitel des stets mit Sorgen belasteten Anwesens ziehen. Der Verkauf würde alle Schulden auf einmal tilgen und nach seinen Berechnungen sogar noch einen Überschuss von fünfhunderttausend Talern erbringen – ein Betrag, mit dem es sich auf dem Stammsitz der Familie in Branitz bequem würde leben lassen.

Bevor Pückler am 8. September 1840 mit dem ermatteten Rest seiner ehemals stattlichen Karawane in Muskau eintreffen kann, gilt es noch, freiwillige und unfreiwillige Hürden zu überwinden, um nach der langjährigen Abwesenheit überhaupt bis in die Lausitz vorzudringen. Die Ankunft der zusammengeschrumpften Truppe bildet den traurigen Abschluss einer Orientreise, die überschwänglich begann und nun bescheiden endet. Der Tonfall der Korrespondenz zwischen Pückler und Lucie verschärft sich während der Rückreise über Konstantinopel, das Schwarze Meer, Warna und entlang der Donau bis nach Pest. Lucie lehnt die Nebenbuhlerin Machbuba, von deren baldiger Ankunft sie nun weiß, strikt ab. Sie möchte das Mädchen nicht in Muskau empfangen. Diesmal kennt sie kein Pardon, sorgt sie sich doch um ihre gesellschaftliche Reputation. Pückler bleibt standfest im Konflikt zwischen Exfrau und Kindfrau. Er ist sich seiner Verantwortung für die vom Sklavenmarkt nach Europa gebrachte heranreifende Gefährtin bewusst und hat sich, wie er trotzig argumentiert, überdies »so an sie gewöhnt«, dass er nicht bereit ist, gesellschaftlicher Schamgefühle und Lucies Genörgel wegen das bildhübsche Mädchen aufzugeben. Lucie, die von ihrem geschiedenen Ehegatten häufig als »Mutter« oder auch »Mammeli« angeredet wird, hat sich zu ihrem eigenen Verdruss in die Rolle der Ersatzmutter drängen lassen. Früher hat es sie wenig gestört, sich die erotischen Eskapaden ihres Mannes wie eine Beichtmutter anzuhören. Erst das Erscheinen Machbubas bringt ihre Loyalität gegenüber Pückler ins Wanken, denn die Ankunft der »kleinen Dame aus Nubien« bedroht ihre gesellschaftliche Position und damit auch ihr Selbstverständnis. Bisher hatten sich Pücklers erotische Episoden in aller Diskretion außerhalb der heimischen Sphäre abgespielt. Das konnte für Lucie nicht ehrenrührig sein, da es die meisten Männer so hielten und eine prüde Gesellschaft sich so lange als großzügig erweist, wie die Fassade gewahrt bleibt. Mit Machbubas Anreise kommt nun die Angst, als alternde Frau von der Gesellschaft lächerlich gemacht zu werden und Prestige einzubüßen, vor allem »weil die Geliebte des Fürsten keine Europäerin war, sondern die Hautfarbe der Sklaven und der ethnisch Verachteten trug« (Kleßmann, 1998).

In Pest, wohin »Schnucke« Ende September 1839 ihrem »Lou« trotz der Streitigkeiten entgegenreist, um ihn sehnsüchtig in die Arme zu schließen, einigt man sich auf einen Kompromiss. Das Mädchen soll für ein Jahr in ein Pensionat. Von Pücklers Seite ist diese Idee wohl eher ein halbherziger Versuch der Beschwichtigung. Längst hat sein inniges Verhältnis zu der ehemaligen Sklavin intime Züge angenommen. Zweifellos ist sie seine Geliebte, er bezeichnet sie auserwählten Freunden gegenüber als seine »Mätresse«, gleichzeitig ist sie aber auch Kumpel, Reisebegleiter, Buchhalter und Ziehkind. Über Machbubas persönliches Schicksal ist wenig bekannt. Angeblich wurde sie an den Quellen des Blauen Nils als Tochter eines hohen Beamten geboren und durch Krieg mit dem Nachbarvolk im gebirgigen Gondar, einer Residenzstadt, versklavt.

Im Pester »Hotel zur Königin von Ungarn« übergibt der wieder in europäische Kleidung gehüllte und von Krankheit genesene Pückler Lucie ein exotisches Geschenk. Sie erhält einen zwergwüchsigen Afrikaner. Sein Name ist Joladour. Als Lucie wieder Richtung Muskau abreist, kann sie einen weiteren Triumph verbuchen: Der Plan vom Verkauf Muskaus ist vom Tisch. Sie konnte ihn ihrem »Lou« ausreden. Dankbar über dessen Entgegenkommen, schreibt sie aus Wien schmeichelnd: »Warum bin ich nicht jung und nicht aus Abessinien?«

Die Gunst der Stunde nutzend, tritt der Fürst der Legende nach während seines Aufenthalts in der betriebsamen Metropole des Königreichs Ungarn spontan zum katholischen Glauben über. Der Entschluss, so hieß es lange, sei über die Jahre gereift und wurde nun, am 30. Oktober 1839, seinem 54. Geburtstag, in die Tat umgesetzt. Da er schon lange mit der »gottlosen Frömmelei« und dem »faselnde[n] Mystizismus«, die seiner Meinung nach dem Protestantismus anhaften, gehadert habe, wäre sein Übertritt konsequent. Neuere Forschungen bezweifeln jedoch die Konversion. Vermutlich hegte Pückler lediglich Sympathien für die katholische Kirche. Dass er sich immer wieder mit Religionen beschäftigte, auch mit dem Islam und dem Judentum, steht dabei außer Frage.

Bis zum 25. Dezember hält sich Pückler mit Machbuba in Pest auf, wo er schnell wieder als schillernder Teilnehmer im Gesellschaftsleben glänzt. Das exotische Glamourpaar, von den Pestern mit großer Aufmerksamkeit beobachtet, ist der Liebling der Presse: »Die sechsjährige Reise wurde in 40 k.u.k. Zeitungen mit mehr als 300 Meldungen bedacht. Pückler und ›seine Abyssinierin‹ wurden wie Popstars beobachtet.« (Volker-Saad, 2017)

Im neuen Jahr geht es weiter nach Wien. Der Fürst kommt mit seiner Entourage ab Anfang Januar 1840 im »Hotel zum Goldenen Lamm« in der Leopoldstadt unter und wird schon wieder ans Bett gefesselt. In diesen Wochen werden das ungleiche Paar und die Mannschaft immer wieder von Krankheiten heimgesucht. Der tropenerfahrene Pückler ist bereits auf der Hinreise auf der Donau an Cholera erkrankt und nur dank Machbubas hingebungsvoller Pflege innerhalb von 36 Stunden wieder auf den Beinen. Nun verursacht der Winter andauernde Erkältungen, die trübe Stimmung nach sich zieht. Doch wie ein Stehaufmännchen notiert Pückler am 1. Januar in sein Tagebuch: »Ich bin guter Laune, denn das Unterwegssein erheitert mich fast immer. Mit leidlicher Gesundheit, hinlänglichem Gelde, einem guten Wagen, zwei fleißigen Dienern und einer akkomodanten Geliebten von gutem Herzen und leichtem Humor umherzureisen und dabei so viel als möglich und tunlichst inkognito mit nur flüchtiger Benutzung der Gesellschaft sich aufzuhalten, ist für mich das Ideal irdischer Glückseligkeit.«

Nur bei seinem Ziehkind stellt er mit zunehmender Sorge eine schwache Konstitution fest. Es scheint, als würde die Abessinierin, je weiter sie von ihrer Heimat entfernt ist, immer magerer und fahler. Die ehemals prachtvolle, strahlende Gestalt verwandelt sich in eine skelettartige, mitleiderregende Erscheinung, deren Schicksal in einem vorhersehbaren Ende gipfelt.

Gemäß dem Versprechen an Lucie wird Machbuba in Wien in einem Mädchenpensionat untergebracht. Die fromme Lüge von der »Pflegetochter« nimmt Pückler jedoch keiner ab, und die Unterbringung ist wohl eher pro forma zu verstehen, denn das Mädchen ist ständig um ihn. In Gesellschaft der Geliebten besucht der Fürst wissenschaftliche Vorträge, das Hoftheater, die Salons der Adeligen und feine Abendgesellschaften. Eine Aufführung von Mozarts Oper »Die Entführung aus dem Serail« wird vornehmlich des Sujets wegen besucht. Längst ist die alte Eitelkeit zurückgekehrt, der Fürst trägt wieder luxuriöse Kleidung und die Haare schwarz gefärbt. Bei einer Veranstaltung in der noblen Gesellschaft demonstriert Machbuba ihre Reitkünste auf den mitgebrachten Araberpferden aus der afrikanischen Wüste. Die Zuschauer zeigen sich hingerissen von dem anmutigen Mädchen im blauen Mamlukengewand mit den zwölf Rassepferden. Lucies Bitte, »nicht allzuviel Aufhebens mit dem exotischen Personal seiner Umgebung« zu machen, verpufft wie Schall und Rauch angesichts der begeisterten Wiener Gesellschaft, die voller Bewunderung für die Schöne ist. Ein Höhepunkt in diesen Tagen mag für Machbuba die Begegnung mit einem Landsmann gewesen sein. Max Joseph in Bayern hatte ebenfalls Sklaven auf dem Markt in Kairo erworben. Einem dieser Sklaven bringt Machbuba nun die Lieder der Oromo, ihres äthiopischen Stammes, bei.

Doch Aktivitäten und Ablenkungen trösten nicht darüber hinweg, dass es weder Pückler noch Machbuba gesundheitlich wirklich gut geht. Das Klima ist gewöhnungsbedürftig nach den vielen Jahren unter der sengenden Sonne des Orients. Der Winter ist hart und wechselhaft, die Entbehrungen und Strapazen der letzten Jahre zeigen Nachwirkungen. Zusätzlich nagen Selbstzweifel und Ängste an Pückler, die ihn nur widerwillig sein Ziel Muskau ansteuern lassen. Je näher die Karawane Richtung Heimat zieht, desto ferner rückt der Traum vom südländischen Alterssitz. Aus ist der Traum vom süßen Leben zwischen Oliven, Zypressen und Mandelbäumen, stattdessen die nüchterne Vorstellung von trüben, kalten Tagen zwischen den Kiefern und Eichen der tristen Lausitz. Gedanken an Muskau entlocken Pückler Stoßseufzer wie »In die Muskauer Sklaverei zurückzukehren, widert mich an« oder »Die Fürstin behalte Muskau, ich mich selbst«.

Wendepunkt in Pücklers Leben

Machbuba kränkelt immer stärker, ist bis auf Haut und Knochen abgemagert und muss aus dem Pensionat genommen werde. Dr. Malfatti, berühmter Leibarzt Beethovens, rät zu Wärme und einer Kur in Marienbad, dessen heilende Quellen im Juni anzusteuern Pückler nicht scheut. Der Fürst zeigt Eigenschaften, die nur wenige an ihm kennen. Er ist voller Mitgefühl und Güte für das Mädchen und lässt sie behutsam mit der Kutsche transportieren. Kaum im böhmischen Kurort angekommen, bricht Pückler, psychisch und physisch überlastet, selbst zusammen. Dann stirbt auch noch Friedrich Wilhelm III., König von Preußen, und der Pückler wenig wohlgesonnene Friedrich Wilhelm IV. besteigt den Thron. Das sind Nachrichten aus der Heimat, die Pückler weder aufmuntern noch antreiben. Gelitten und gekurt wird in sich gekehrt und schweigend. Heilwasser statt Champagner! Doch schnell ist der Gesellschaftslöwe in Pückler wiedergeboren. Kurgäste, die sich im Heilbad nicht zum Zwecke der Heilung, sondern vorsorglich und zum Vergnügen aufhalten, stecken ihn mit ihrer Unbeschwertheit an. Ob er an fieberfreien Tagen ein »Kitzliches Verhältniß« mit einer jungen Gräfin eingeht, gehört wieder einmal in den Bereich der Spekulation.

Als die erhoffte Wirkung des Kurbads auf Machbuba

ausbleibt und ihre Lage sich zuspitzt, entschließt sich der Fürst trotz der Warnungen von Lucie, die den Skandal fürchtet, mit seinem Tross nach Hause zu reisen. In Begleitung von Dr. Freund, dem Leibarzt des österreichischen Staatskanzlers Metternich, den dieser voller Anteilnahme geschickt hat, geht es über Prag in die Oberlausitz. Und Lucie bleibt nichts anderes übrig, als gute Miene zum bösen Spiel zu machen, wenn sie nicht als kalt und hartherzig dastehen möchte. Sie hat keine andere Wahl, als die sterbenskranke Nebenbuhlerin in Empfang zu nehmen und ihre Ankunft zu akzeptieren.

An einem windigen Septembertag 1840 bewegt sich die seltsame Lazarett-Karawane inklusive Arzt und Krankenschwester auf das Muskauer Jagdhaus zu, in gebührendem Abstand zur im Schloss residierenden Lucie. Kisten und Koffer, Tiere und Dienerschaft, alles, was von der im Orient angesammelten Menagerie noch übrig ist und mitgeschleppt wurde, befindet sich in desolatem, zerrupftem oder ermattetem Zustand. Machbuba kann sich kaum noch auf den Beinen halten, ihre beiden italienischen Kammerjungfern sind ebenfalls krank und keine Hilfe mehr.

Kaum zu Hause angekommen, beginnt das schwärzeste Kapitel in Pücklers Leben. Der Zustand des Mädchens verschlechtert sich weiter. Das Paar muss vom Jagdhaus ins zwölf Kilometer entfernte Schloss umziehen. Dort ist es bequemer und wärmer. Helmine, die von Pückler ehemals heiß geliebte, nun verheiratete Pflegetochter Lucies, übernimmt die Pflege. Lucie flüchtet in die Berliner Stadtwohnung. Dass »das arme schwarze Kind die Geliebte von niemand mehr, außer etwa die des Todesengels sein konnte«, wie es Ludmilla Assing anschaulich formuliert, ist unübersehbar. Gleichwohl erlaubt sich Lucie, die Macht auszuspielen, die sie durch die enge Vertrauensstellung hat. Die 64-Jährige zitiert Pückler zur Aussprache nach Berlin. Angeblich selber schwer erkrankt, fleht sie ihren »Lou« inständig an, sie nicht im Stich zu lassen. Dessen Abstecher nach Berlin wird zum Daueraufenthalt – und zu einer »unerwarteten Pflicht«, die Pückler sein Leben lang bereuen wird.

Das sterbenskranke Mädchen wird in ihren schwersten Stunden alleingelassen, dürstend nach ihrem »Abu« und abgespeist mit kleinen Aufmunterungen wie Schokolade oder Genesungswünschen aus Berlin. Das Drama nimmt seinen Lauf. Die unglückliche Todgeweihte, die längst über ihren aussichtslosen Zustand Bescheid weiß, versucht angeblich, sich aus dem Fenster zu stürzen, nur die Gitter davor verhindern das Schlimmste. Pückler lässt sich täglich von Dr. Freund über ihren bedrückenden Zustand berichten. Die alarmierenden Nachrichten scheinen den Fürsten nicht aufzurütteln. Lieber hält er sich an den verehrten Goethe, der sich darauf verstand, sich um Lästiges, etwa um Begräbnisse, herumzudrücken. Pückler selbst schreibt immer weniger, verstummt fast und gibt kaum noch Lebenszeichen von sich. Ist es die Angst vor dem Unvermeidlichen oder das feige Ignorieren der Realität im Stil der Vogel-Strauß-Mentalität? Selbst angesichts der nahenden finalen Katastrophe bringt er es nicht fertig, sich seiner Verantwortung zu stellen und Machbuba in ihren letzten Stunden beizustehen.

Als »die kleine Dame aus Nubien« am 27. Oktober 1840 still und einsam an einer »Gekrösdrüsen- und

Lungentuberkulose« stirbt, wie Dr. F[illegible] durch eine Obduktion feststellt, ist und bleibt Pückler abwesend. Und auch vor ihrer Beerdigung, die auf dem evangelischen Friedhof St. Jacobi am 29. Oktober, einen Tag vor seinem 55. Geburtstag, stattfindet, drückt er sich. Aber die Menschen in Muskau, die ihrem Schicksal große Anteilnahme entgegengebracht haben, lassen sie an diesem dunklen Herbstabend nicht im Stich. Sie kommen zu Hunderten, um der Abessinierin im Fackelschein die letzte Ehre zu erweisen. In orientalischer Tracht wird sie im offenen, blumengeschmückten Sarg durch die Stadt bis zum Friedhof getragen. Rechts und links schreiten die beiden Zofen, der weinende Joladour folgt, dann kommen die Ärzte und Honoratioren der Herrschaft. Mit dem damals beliebten Lied »Wie sie so sanft ruh'n, alle die Seligen« von August Cornelius Stockmann verabschieden sich die Muskauer von der Toten. Ihr Grab, das Lucie nicht auf dem Muskauer Anwesen duldet, wird bis heute von den Bürgern der Stadt gepflegt und geschmückt. Das Geheimnis um die Rolle des Fürsten in ihrem kurzen, tragischen Leben nimmt die Schöne mit in ihr Kindergrab.

Verwirrend und verstörend sind die Aussagen. Vieles in der Literatur scheint schöngefärbt und verdreht. Von bedingungsloser Liebe zu ihrem Herrn über Bemerkungen, die auf eine pragmatische Zweckbeziehung hinweisen, bis zu Hinweisen, dass das Mädchen ihm nicht »per amour« zugetan, sondern durch Gewalt gefügig gemacht wurde, ist die Rede. Dem Fürsten selber fällt es bis zuletzt schwer, sich zu ihr zu bekennen. In einem Brief an Lucie leugnet er ihre Stellung als Mätresse, bezeichnet sie als Pflegekind, als »unverbildete Eingeborene« mit rascher Auffassungsgabe oder als »eine exotische mitgebrachte Merkwürdigkeit, eine Sklavin und eine gute Dienerin für einen Invaliden«.

Nur eines ist gewiss: Pücklers Schmerz über den Tod Machbubas ist gewaltig. Der Verlust des Mädchens reißt eine tiefe Lücke in sein Leben und stürzt ihn in echte Verzweiflung. Er zerfleischt sich mit Selbstvorwürfen, sie im Sterben alleingelassen zu haben. »Dieser Vorwurf«, vertraut er einem Brief an, »wird an mir nagen, bis ich ihr folge.« Zurück in Muskau, besucht er am 1. November gramgebeugt das Grab der Verstorbenen. Ihn begleitet eine eigentümliche Truppe: die langschnabeligen Ibisse vom Nil, Joladour und der ebenfalls kleinwüchsige Billy Masser, Lucies langjähriger Sekretär und Gesellschafter.

Mit der Rücksichtnahme auf die »Schnucke« ist es vorerst vorbei. Der armselige Tod Machbubas führt zum emotionalen Bruch mit Lucie. Am 6. November schreibt er schmerzerfüllt nach Berlin: »Ich habe heute auf Machbubas blumenbekränztem Grabe im Schein des Mondes viele heiße Tränen vergossen und aus tiefstem Herzen für ihr Wohl gebetet. – Gott mit ihr und mit uns, und einst vielleicht ein süßes Wiedersehen! Denn ihr Herz war edel, und kein Eigennutz hat je die zärtliche Verbindung unserer Seelen getrübt.«

Die Trauer um Machbuba ist so echt wie die Gewissensqual, doch die Lebenskraft Pücklers bleibt ungebrochen. Einige Wochen besucht er täglich das kleine Kindergrab der Geliebten, spricht mit der Toten, vergießt heiße Tränen und quält sich mit Erinnerungen. Dann verdrängt das wahre Leben mehr und mehr das, was einst im fernen Ägypten als großes Abenteuer begann und mit diesem tragischen Abschluss endete. Ein knappes Jahr später, am 1. Oktober 1841, bemerkt Pückler: »Um Machbuba traure ich noch zuweilen, doch tritt ihr Andenken nach und nach in den Hintergrund nach dem Naturgesetz, das am Ende immer nur an den Lebenden wieder lebendiges Interesse nehmen läßt.«

Der Verlust der schönen Abessinierin stellt einen Wendepunkt in Pücklers Leben dar. Muskau ist ihm nun gänzlich verleidet. »Der Winter ist traurig … und die Schneedecke, die alles umhüllt, kommt mir wie ein Leichentuch vor, und ich mir selbst wie ein verbannter Einsiedler«, schreibt er deprimiert am 12. Februar 1841. Lucie gibt ihren Widerstand gegen die Verkaufspläne auf, die wieder aktuell werden. Gleichwohl zieht sich der Abnabelungsprozess über fünf Jahre hin, bis »Lou« und »Schnucke« dem ständigen Beschaffen von Krediten für Park, Schloss und Lebensführung nicht mehr gewachsen sind und dem Besitztum ein für alle Mal den Rücken kehren.

Zunächst beschäftigt den Fürsten noch die Fortsetzung der Gestaltung des Parks. Seine Muskauer Parkomanie flammt erneut heftig auf. Lucie hat zu seiner Missbilligung während seiner Abwesenheit einige gärtnerische Elemente verändert, die er nun in den Originalzustand zurückverwandeln lässt. Neue Ideen, aus dem Ausland mitgebracht, fließen in Erweiterungen und Veränderungen ein. Die Begegnung mit der Landschaft, Kultur, Religion und Lebensweise des islamisch geprägten Morgenlandes hinterlässt nachhaltige Eindrücke, die ihn bis in seine Altersjahre prägen werden. Die Parkgrenzen werden weiter ausgedehnt, die Neiße wird aufwendig durch den Park umgeleitet, ein Dorf sogar verlegt.

Daneben beansprucht das Sichten und Zusammenstellen seiner Briefe und Tagebücher in Vorbereitung auf die Veröffentlichung seiner letzten beiden Bücher seine Zeit. Noch 1840 ist bei Hallberger der dreibändige »Südöstliche Bildersaal« erschienen, das Fazit seiner Griechenlandreise. Jetzt wartet das Publikum gespannt auf die Darstellung seines Ägypten-Aufenthalts, die heftige Diskussionen auslösen wird. Seine literarischen Erfolge und sein Bekanntheitsgrad mehren auch das Renommee als Gartengestalter. Als Berater, Ideengeber und Gutachter für Landschaftsgärten und Parkanlagen von Wohlhabenden und Herrscherfamilien ist Pückler mittlerweile sehr gefragt. Spuren seiner Tätigkeiten finden sich beispielsweise in Wilhelmsthal bei Eisenach, Altenstein bei Bad Liebenstein, Koblenz und Sagan, das heute in Polen liegt. Offizielle Aufträge aber bekommt er zu seinem Verdruss nicht.

Die Jahre nach Machbubas Tod sind rastlos, als ob der Tod der Geliebten Pücklers Ruhelosigkeit noch verstärkt. Schon geht er im Stil des eleganten Geschäftsmanns wieder auf Reisen. Der Schriftsteller Alexander von Sternberg beschreibt den Getriebenen als attraktive Erscheinung: »Diese Schönheit war keine apollinische; es war eine moderne, durch Mittel der Toilette unterstützte und aufrecht erhaltene … sein Wuchs schlank und biegsam, seine Toilette gesucht nachlässig und seine Gespräch geistvoll anregend, wenn er bei Laune war. Als Kenner des Schönen beschützte er die Kunst, wo er konnte, nie nach der Größe eines Geldopfers fragend. Man sagte, daß seine Schriften ihm enorme

Summen eintrugen, doch er brauchte auch viel. All seine Liebhabereien ... seine türkischen Schals, seine Gärten ... waren kostspieliger Natur.« Stippvisiten führen den Fürsten nach Dresden, Frankfurt, Heidelberg und Baden-Baden, erleichtert durch das neue, bequeme Fortbewegungsmittel der Eisenbahn. »Es freut mich, einen solchen Fortschritt des civilisirten Comfort noch erlebt zu haben«, schreibt der manisch Reisende begeistert in sein Tagebuch und betont, wie viel man unterwegs erlebt.

Doch es gibt auch eine andere Seite an Pückler, einen Müßiggänger, der melancholisch in sich gekehrt und wortkarg im Schlafrock durch die Räume geistert und mit Lucie bis spät in die Nacht zusammensitzt, um sich gegenseitig vorzulesen. Pückler pflegt einen ungewöhnlichen Tagesrhythmus. »Ich stehe um 2 Uhr auf, mache meine Morgentoilette, frühstücke allein und lese dazu, dann besorge [ich] meine viel zu weitläufige Korrespondenz, komponire zuweilen ein wenig, und rauche viel türkische Pfeifen bis gegen 8 Uhr, wo ich zur Tafel herabgehe, ohne meinen geliebten Schlafrock orientalischen Schnittes zu verlassen.« Großen Wert legt der häusliche Pückler auf gutes Essen. Es mangelt weder an Champagner, Bordeaux oder Cyperwein noch an Pasteten aus Straßburg, Trüffeln aus Perigord oder weiteren Delikatessen. Eher fehlt es an Appetit. Nüchtern konstatiert er: »Es ist nun einmal leider so eingerichtet in der Welt, daß die, welche die Güter derselben besitzen, den Genuß daran verlieren ... Was man hat, ist nichts mehr, was man zu haben wünscht, ist alles.« »Lou« und »Schnucke«, die beiden genießerischen Verschwender, leben in voller Harmonie auf einem bedrohlich anwachsenden Schuldenberg, der bald nicht mehr zu ignorieren ist.

In den Wochen seiner Zurückgezogenheit, in denen er von der öffentlichen Bildfläche verschwindet, sich im Schloss vergräbt und in den riesigen Wäldern versucht, seiner Depression Herr zu werden, umgibt sich der adlige Souverän, nicht unüblich unter Seinesgleichen, mit einem Hofstaat ausgefallener Persönlichkeiten im Stile eines »Kuriositätenkabinetts«. Neben dem kleinwüchsigen Joladour, der sich in der Regel in türkische Kleidung hüllt, und Lucies Billy Masser, der als versierter Schachpartner, Bibliothekar, Geheimsekretär und späterer Nachlassverwalter wichtige Funktionen im Hause Pückler einnimmt, gesellt sich 1841 der norwegische Marathonläufer Mensen Ernst zu der Menagerie fremdländischer Geschöpfe. Pückler hatte über den frühen Globetrotter, dessen Wahlspruch »Bewegung ist Leben, Stillstand der Tod« lautet, in der Presse gelesen und seit seinem Besuch des denkwürdigen Ortes Marathon 1836 mit dem Gedanken gespielt, einen solchen Schnellläufer in seinen Dienst zu stellen, um die Post transportieren zu lassen. Der Fürst schätzt selbst die Bewegung, und an dem kleinen, stämmigen Mensen Ernst fasziniert ihn dessen körperliche Leistung und Ausdauer. Bald sieht man den Sonderling in einer leuchtend blauen Uniform mit goldbestickter Mütze über Stock und Stein von Muskau nach Berlin und zurück laufen, zur Belustigung der Gassenjungen, die ihn das eine oder andere Mal ein Stück des Weges begleiten.

Angeblich hat der Lausitzer Fürst, Ernsts Laufkunst vor Augen, den Begriff Sport in die deutsche Sprache eingeführt. In einer Fußnote seines Buches »Briefe eines Verstorbenen« äußert Pückler Folgendes zum Thema Sport: »Sportsman, sport ist ebenso unübersetzbar wie Gentleman; es heißt keineswegs bloß Jäger, sondern einen Mann, der alle Vergnügungen dieser Art oder auch nur mehrere davon mit Leidenschaft und Geschick treibt. Boxen, Pferderennen, Entenschießen, Fuchshetzen, Hahnenkämpfe etc., alles ist sport.« So darf der Kurierläufer als der erste Sportler bezeichnet werden.

Ob Pückler ihm wirklich den Auftrag erteilt, zu den noch unbekannten Quellen des Weißen Nils zu laufen und die Lage des Mondgebirges zu ermitteln, oder ob Mensen Ernst den Entschluss dazu selbst fasst, bleibt im Dunklen. Unklar ist ebenso, ob der zähe Schnellläufer tatsächlich 1843 in Oberägypten in vollem Lauf von der Ruhr niedergestreckt oder sein Leben durch eine andere Ursache beendet wurde. Mensen Ernst stirbt (mutmaßlich) am 23. Januar einsam im Dorf Chêne. Sein Grab ist unbekannt, genauso die Reaktion Pücklers. Der sonst so Schreibfreudige schweigt sich zum tragischen Schicksal des verschollenen Mensen Ernst aus.

Gartendienst in Babelsberg

Am Berliner Hof lässt sich der Gartenkünstler in diesen Jahren selten blicken. Schon Friedrich Wilhelm III. gehörte nicht zu den Freunden des weitgereisten und wortgewandten Herrn von Muskau. Sein Nachfolger Friedrich Wilhelm IV. kann erst recht nichts mit dem extrovertierten Schriftsteller und Gartenkünstler anfangen, dem sonst, wo immer er auftaucht, Bewunderung, Neugier und Anerkennung entgegenschlagen. Anders verhält es sich mit dem Kronprinzenpaar Wilhelm und Augusta, die Pücklers besonderes Talent schätzen und ihn als Berater für ihre herrschaftlichen Gärten einzusetzen wissen. »Es scheint, als sei die Gartenkunst der Zauberstab gewesen, welcher dem Fürsten Pückler Augen, Ohren und Türen des Berliner Hofes öffnen konnte und der es ihm ermöglichte, aus Freundschaftsdiensten, Einladungen und Beratungen ein zukunftsträchtiges höfisches Netzwerk zu knüpfen.« (Schröder, 2016).

Augusta, preußische Königin und spätere deutsche Kaiserin, kennt Pückler seit ihrer Kindheit. Sie und ihre ältere Schwester Marie sind ihm im September 1826 kurz vor seiner Abreise nach England zum ersten Mal begegnet. Beide schätzten Pücklers anregenden Geist, seinen guten Geschmack und seine Weltläufigkeit. Das sind Eigenschaften, die Prinzessin Augusta, aufgewachsen am liberalen Hof von Sachsen-Weimar-Eisenach, am drögen, engstirnigen preußischen Hof vermisst. Mit Carl, Wilhelms Bruder, unterhielt sich Pückler bereits im Mai 1824, kurz nach dessen Erwerb des Landguts Klein Glienicke, über die gärtnerische Gestaltung. Der damals 22-jährige Prinz hatte die Besitzung den Erben des 1822 verstorbenen Schwiegervaters Pücklers, des Fürsten Hardenberg, abgekauft, der auf dem weitläufigen Areal einen Landschaftspark anlegen lassen wollte.

Fürst Pückler, inzwischen 56 Jahre alt, wittert die lang ersehnte Chance, seine Fähigkeiten zu demonstrieren, als Prinz Wilhelm von Preußen Anfang des Jahres 1842 auf ihn zukommt, um ihn um Vorschläge für die Weiterentwicklung und Verschönerung der Babelsberger Gartenanlage zu bitten. Schon 1826 hatte er sich in den Kopf gesetzt, auf dem Babelsberg, gegenüber dem Park Glienicke, eine herrschaftliche Sommerresidenz zu errichten, mit dessen Gestaltung der Gartendirektor der Königlichen Gärten, Peter Joseph Lenné, ab 1832 betraut worden war. Pückler lässt sich nicht zweimal um seinen Rat bitten. Umgehend reist er mit Garteninspektor Rehder an und legt nach nur wenigen Tagen am 6. März ein Promemoria vor. Dieses Gutachten fußt auf Pücklers Beobachtungen aus England und den im Verlauf von dreißig Jahren im Muskauer Park gesammelten praktischen Erfahrungen. Wie kaum anders zu erwarten, übt der »Erdbändiger« harsche Kritik an der Gestaltung durch den preußischen Beamten Lenné: »Monotonie« sei entstanden, bemängelt er in seiner Schrift, der Rasen gleiche »nur ausgestreuter Asche« im märkischen Sand, die Wahl der Baumarten sei »unpassend« und die Verteilung der Sorten überhaupt »geschmacklos«, die Pflanzung großer Bäume sei »halb weggeworfenes Geld«, es würden nur »colossale belaubte Stangen« entstehen, »die niemals malerisch werden« könnten. Pückler spart auch nicht mit Verbesserungsvorschlägen, etwa Anregungen zum Geländezukauf oder zur Einrichtung einer Baumschule und eines Hofgärtnerhauses, und weist auf die Möglichkeiten der Bodenverbesserung und der Errichtung von Gartenterrassen am Schloss hin.

Im Jahr 1843 erhält Pückler den ersehnten Auftrag, die Ausgestaltung des rund zehn Jahre zuvor begonnenen Landschaftsparks auf dem Babelsberg zu übernehmen. Damit bietet sich eine willkommene Gelegenheit, näher an den Berliner Hof zu rücken und dort das eigene Können unter Beweis zu stellen, denn sein Gartenparadies im fernen Muskau liegt einfach zu weit weg, um von der Mehrheit der Interessierten wahrgenommen zu werden. Mit dem Auftrag in Babelsberg fügt sich alles zu Pücklers Zufriedenheit: Dem zukünftigen Herrscherpaar ist er gefällig, und gleichzeitig erhält er die Möglichkeit, »im Gesamtkunstwerk der Potsdamer Parklandschaft der ›Lennéschen Perlenkette‹ einen ›Pücklerschen Edelstein‹« (Schröder, 2016) hinzuzufügen.

Mit der Fortsetzung der Gestaltung löst Pückler den Gartendirektor der Königlichen Gärten, Peter Joseph Lenné, ab und übernimmt die praktische Umsetzung. Der renommierte Landschaftsarchitekt Lenné hat bereits für die Grundstrukturen gesorgt, beispielsweise für die markante Platzierung des im neugotischen Stil von Schinkel erbauten und zwanzig Meter über der Havel liegenden Schlosses oder die Wegeerschließungen zu den Aussichtsplätzen Victoriahöhe, Lennéhöhe und

Fürstenhöhe. Doch ständige Etatkürzungen und das Pech heißer Sommer, die Bäume und Sträucher auf dem Sandboden vertrocknen ließen, rücken sein Schaffen in ungünstiges Licht. Das Kronprinzenpaar zeigte sich unzufrieden. Der Autodidakt Pückler übernimmt und verdrängt die Ideen seines Vorgängers. Er spart auch nicht mit kleinen verbalen Seitenhieben auf Preußens obersten Gärtner. »Wenn ich doch als junger Lenné auferstehen möchte (doch ohne dessen Pockennarben)!«, ätzt er gegen seinen Kontrahenten in einem Brief an Augusta. An anderer Stelle zweifelt er dessen fachliche Qualitäten an. Viel mehr als ein Ingenieur sei Lenné nicht, kritisiert er. Der hochangesehene Gartendirektor, sicherlich nicht begeistert über die Übergabe seines Projekts an Pückler, kontert. Gönnerhaft lobt er nach einem gemeinsamen Besuch mit Augusta und Wilhelm in Muskau die Gartenlandschaften des »Amateurs«.

Für die weitere Gestaltung und Pflege des Babelsberger Parks muss das Kaiserpaar tief in die Tasche greifen. Pückler ist und bleibt ein Geldverschwender. Selbstbewusst kündigt der fürstliche Gartengestalter an, etwas schaffen zu wollen, das »in künstlerischer Hinsicht alle anderen Anlagen seiner Art in der Potsdamer Gegend übertreffen wird«. Tatsächlich hält er sein vollmundiges Versprechen. Mit der von ihm geforderten »plein pouvoir«, einer Art Freifahrtschein für seine Ideen, schreitet er zur Tat und ist sich nicht zu schade, das eine oder andere Mal in grüner Schürze und Gartenhandschuhen selbst Hand an die Büsche, Pflanzen und Bäume zu legen. Mit visionärer Kreativität schafft er künstliche Wasserspiele, Felsen und Terrassen. Der Gang durch einen Garten solle sich anfühlen wie ein Gang durch eine

Gemäldegalerie, lässt Pückler Augusta wissen, für die er direkt vor ihrem Schlafzimmerfenster ein Blumenrondell errichten lässt und die ihn als »Zauberer« lobt. Er treibt die »Zonierung« des Parks voran, das heißt eine klare Unterscheidbarkeit zwischen gärtnerisch intensiv ausgeschmücktem Pleasureground in unmittelbarer Nähe des Schlosses und dem umgebenden Park mit idealisierter Natur. Leider fehlt während seiner Tätigkeit in Babelsberg der ausgeklügelte, zweckmäßige »Großbaumverpflanzwagen«, mit dem er erwachsene Bäume umzusetzen pflegte, um die Sichtachsen in der Anlage optimal zu gestalten und den freien Blick aus den wiederhergestellten Fenstern des Schlosses zu gewähren. Erst 1865, auf Initiative des Obergärtners Otto Ferdinand Kindermann, wird die bewährte Methode eingesetzt, von der sich der Gärtner zuvor im Branitzer Park überzeugen durfte. Selbst vor technischen Neuerungen schreckt der am Fortschritt stets interessierte Fürst nicht zurück. Ein aufwendiges Bewässerungssystem wird installiert, das allein in der Umgebung des Schlosses acht Fontänen, diverse Brunnen, künstliche Seen und Wasserfälle speist. Angetrieben von Dampfmaschinenkraft, wird dabei das Wasser aus der Havel in mehrere höher liegende Sammelbecken gepumpt und von dort auf das zwanzig Kilometer lange Bewässerungssystem verteilt. Die Trockenheits- und Dürreprobleme des Parks sind damit Vergangenheit.

Bis Ende der 1840er-Jahre hält sich der Fürst regelmäßig in Berlin und Potsdam auf, nicht nur als produktiver Gartengestalter oder zu Vergnügungen, sondern auch als anregender Gast von Wilhelm und Augusta. Die Dame des Hauses schätzt ihn als weltmännischen, weltgereisten Paradiesvogel, als Unterhalter, der Farbe in den höfischen Alltag bringt. Fast ein halbes Jahrhundert wird ihre Bekanntschaft anhalten, dokumentiert durch einen langjährigen lebhaften Briefwechsel. Gegenseitige Wertschätzung signalisieren auch Glückwünsche und Geschenke. Ein Präsent besonderer Art sticht hervor: Es ist ein großer blauer Hyazinth-Ara, ein Papagei, den Pückler symbolhaft, als einen Stellvertreter seiner selbst, Augusta schenkt. Zu Augustas Bestürzung verträgt das »gefiederte Alter Ego« (Schröder, 2017) die Kälte am preußischen Hof nicht. Es wird krank, stirbt und wird von der Prinzessin betrauert.

Als ihm am 6. September 1845 der Hofmarschall Graf Hermann von Pückler, ein Vetter des namensgleichen Fürsten, von dem Prinzenpaar ausrichten lässt, dass dieses mit den »Herrlichkeiten« auf dem »Babel« sehr zufrieden sei, bedankt sich Pückler artig, ist jedoch insgeheim verschnupft, da er für seine umfangreichen Gartendienste, die ein einzigartiges »Aussichtenprogramm« – vielgestaltige Sichtachsen aus dem Schloss, von den Schlossterrassen, den Wegen und Aussichtsplätzen des Parks – mit einschließt, mehr erwartet hatte als einen feuchten Händedruck oder eine freundliche Würdigung durch Augusta. Für seine »Wirkungen des Zauberstäbchens« spekuliert er auf einen Orden als Beweis seiner Leistung.

Der zur Selbstinszenierung neigende Pückler legt höchsten Wert auf Titel, Orden und Anerkennung. Ein zäher Kampf wird sich einige Jahre später um den Titel »Durchlaucht« abspielen, den der Eitle zu tragen wünscht und der ihm einst durch Friedrich Wilhelm IV. entzogen wurde. Erst nach dem Thronwechsel und dank dem Einsatz seines Vetters wird er sein Ziel erreichen. Anlässlich der Krönungsfeierlichkeiten am 18. Oktober 1861 zeigt sich Wilhelm I. gnädig. Pückler erhält zu seiner höchsten Befriedigung den begehrten Titel und obendrauf, als wäre das noch nicht genug, sogar noch die ersehnte 1. Klasse des Roten Adlerordens.

Mitte der 1840er-Jahre hadert Pückler zunehmend mit seinem Schicksal: Trotz der hochgelobten Aktivitäten in zahlreichen herrschaftlichen Gärten und seiner Erfolge als Reiseschriftsteller drücken den Schöpfer des vielgerühmten Muskauer Parks die exorbitanten Schulden und zwingen zum endgültigen Verkauf. »Mit der in Muskau bis 1844 hinausgezögerten Ablösung der Frondienste war einer der letzten Stützpfeiler des feudalen Ordnungsgefüges weggebrochen, die Schuldenlast ließ sich nicht mehr abschütteln, und die Zeichen der Zeit standen auf Chaos und Krise – am politischen Horizont flackerte bereits das Wetterleuchten des Revolutionsgewitters von 1848.« (Jacob, 2016) Der Besitz wird im Frühjahr 1845 an den in Berlin geborenen niederländischen Prinzen Friedrich von Oranien-Nassau, einen der reichsten Aristokraten seiner Zeit, verkauft. Der Prinz der Niederlande war wohl der letzte Standesherr in der Oberlausitz, der sich wie ein väterlicher Fürst verantwortungsvoll benimmt. Gemeinsam mit dem Parkdirektor Eduard Petzold kümmert er sich um den Park und vollendet das Schloss im aufwendigen Stil der Neorenaissance. Am Tage der Abreise, dem 31. März, reitet Pückler bei furchtbarem Unwetter noch eine Abschiedsrunde durch den Park. Vor der Schlossterrasse bleibt der »Erdbändiger« stehen, wirft einen letzten Blick auf sein Lebenswerk, das aus einer mit Kiefern bewachsenen sandigen Einöde hervorgegangen ist, gibt seinem Pferd die Sporen und sprengt im Galopp in ein neues Leben davon. Allzuviel, das vertraut der fast Sechzigjährige seinem Tagebuch an, bliebe wohl vom Kaufpreis nach Abzug aller Schulden nicht übrig, jedoch genug, »um ein freundliches Quartier, einen schmackhaften Tisch und einige Pferde haben zu können«.

Es ist nicht Pücklers Sache, nach dem Verlust seines Herrscherraums zu verzagen. Er begreift das Scheitern als Chance. Erste Überlegungen, den Alterssitz in Italien einzunehmen, verpuffen. Eine unstete Phase folgt, in der er für die junge, schöne, gar nicht spröde Rosamunde entflammt, die 25-jährige deutsche Frau des französischen Gesandten de La Rouchefoucauld. Lucie gelingt es, ihm sein Erbschloss Branitz schmackhaft zu machen. Es ist das wenig beachtete väterliche Stammgut, das ihn bisher nur als Baumlieferant für sein Muskauer Vorzeigeprojekt interessiert hat, aber durchaus Potenzial für einen neuen Lebensmittelpunkt besitzt. Durch die schmeichelhafte Eroberung Rosamundes am Hof des Großherzogs zu Weimar fühlt sich der Liebestolle wieder jung. Wenig bescheiden behauptet er: »es ist eine sonderbare Sache, aber wahr, daß ich als Neunundfünfzigjähriger viel mehr Erfolg bei den Frauen habe denn als Fünfundzwanzigjähriger.« Die Nacht zu seinem sechzigsten Geburtstag am 30. Oktober verbringen er und die Angebetete in Ettersburg »wie zwei junge Leute in mitten von Gefahren und Schwierigkeiten«. Die Fortsetzung der Romanze verhindert schließlich der eifersüchtige Ehemann. Anfang November reist Pückler ab. Wenige Wochen später sind die vulkanartigen Gefühlsausbrüche erloschen wie erkaltete Lava.

Neubeginn in Branitz

Außerstande, seine Freiheit zu opfern, und voller innerem Widerwillen gegenüber dem Wunsch Lucies, in gemeinsamer »Häuslichkeit« in Branitz zu leben, verschiebt er die Fahrt dorthin bis auf Weiteres. Lieber begibt er sich für die nächsten Wochen erneut auf Reisen. Der Hintergedanke, in Deutschland oder anderswo einen Erdenwinkel zu finden, an dem er sein Leben beschließen könne, mag die treibende Kraft gewesen sein. Nach Eisenach und Umgebung geht es auf der Schiene über Frankfurt und Heidelberg Richtung Schwarzwald. Von Freiburg dringt der Fürst über die Schweiz nach Italien vor, bevor er über das Elsass zurückkehrt. Doch obwohl er reizvolle Orte in Augenschein nimmt, kann er sich für nichts richtig begeistern. Immer findet er ein Haar in der Suppe. Begehrte Anwesen am Comer See oder in Chiavenna sind unverkäuflich oder schlicht zu teuer.

Zögerlich, fast widerwillig trifft der 61-Jährige am 11. November 1846 in Branitz bei Cottbus ein. Beim Anblick des abgewirtschafteten Herrenhauses mit angeschlossenem Gutshof und Schweinestall stellt sich Ernüchterung ein. Die flache Landschaft mit nährstoffarmem Sandboden erinnert ihn an seine Wüstenexpeditionen im Orient. Die öde Gegend macht kaum Mut für ein ambitioniertes Projekt wie die Anlage eines

Landschaftsgartens. Es ist anzunehmen, dass »Lou« zunächst den Gedanken, sich gemeinsam mit der »Schnucke«, die vor ihm auf dem väterlichen Stammsitz eingetroffen ist, »im Sand von Branitz« zu vergraben, bitterlich bereut und sich unter die Sonne Griechenlands oder Italiens zurückwünscht. Doch so schnell lässt sich der Gartenkünstler nicht unterkriegen. »Die elende Kottbuser Gegend und die noch elendere Race Menschen, welche sie bewohnen, werden mir einst viel Dank schuldig sein«, erklärt er bald kämpferisch. Da hat er längst in die Hände gespuckt, um aus der Niederlausitzer Sandwüste fast wie in einem Märchen aus Tausendundeiner Nacht die »grünste der Oasen« zu zaubern.

Läuft Pückler in Branitz in Sachen Gartengestaltung zu Höchstform auf, verebben seine schriftstellerischen Aktivitäten. Seit dem Tod Machbubas nimmt er den Stift kaum noch in die Hand. Außer Briefen, Tagebucheinträgen und gelegentlichen Artikeln für die Augsburger Allgemeine, die er – als erster Schriftsteller überhaupt – stets mit Kohlepapier-Durchschlägen fertigt, bringt ihm die ruhige Schreibtischarbeit keine Freude mehr. 1848 erscheint »Die Rückkehr«, danach folgt keine weitere Veröffentlichung. Zeit und Engagement steckt er künftig lieber in die Gestaltung seines zweiten Parks, den er zu einem Meisterwerk gestalten wird, »denn es ist einmal meine Bestimmung, Oasen in Sandwüsten anzulegen, der ich nicht entrinnen kann«.

In den folgenden zweieinhalb Jahrzehnten leistet der »Erdbändiger« ganze Arbeit. Die Besitzung Branitz, erheblich kleiner, intimer und idyllischer als Bad Muskau, wird zu einem prachtvollen Parkensemble aus artifiziellem Garten und naturbelassenem Lebensraum umgemodelt, auf dessen 620 Hektar Fläche bis zu seinem Lebensende eine landschaftsarchitektonische Komposition entsteht, die sich in einen landwirtschaftlich genutzten Außenpark, einen Innenpark und einen das Schloss umgebenden Pleasureground aufteilt. Auf diese Weise schafft er eine einzigartige Parklandschaft, die das Schöne mit dem Nützlichen verbindet. Wege und lange Sichtachsen, Teiche und Kanäle, Wiesen und Hügel sowie wirkmächtig eingesetzte Baum- und Gehölzpflanzungen verwandeln den Park nach englischem Vorbild in eine Kulturlandschaft voller Harmonie und Anmut, deren Gestaltung zu den inneren Parkbereichen hin raffiniert intensiviert wird.

Dem tatkräftigen Gestaltungswillen des Meisters ist jedes Mittel recht, seinen Zielen in mehreren Etappen näher zu rücken. Für den Ausbau des Schlosses schreckt er beispielsweise nicht davor zurück, ein gesamtes Dorf zweihundert Meter nach Süden verlegen zu lassen. Unwilligen Bauern und Bewohnern kauft er, ohne lange zu fackeln, über Strohmänner ihre Grundstücke ab. Der kleine Dorfteich wird ins Parkensemble integriert, erweitert wird daraus der »Schwarze See«. Gewaltige Anstrengungen sind nötig, um die flache, eintönige Gegend in eine hügelige umzugestalten. Den Aushub von Kanälen und Gewässern bewerkstelligen zahllose Arbeiter, ausgerüstet mit Schaufeln, Spaten und Pferdefuhrwerken, die auch die neuen Mondberge modellieren. Diese aufwendige, kostspielige Maßnahme führt langfristig zu einer abwechslungsreichen Landschaftsverschönerung mit sanft ansteigenden Hügeln, sich windenden Wasserwegen, Seen und Inseln, deren Gestaltung Ähnlichkeiten mit den Anlagen der englischen Landschaftsgärten Stourhead und Blenheim aufweist.

Um die Wirkung und die rahmende Funktion der Baumgruppen noch zu seinen Lebzeiten zu erleben, lässt der Gartenschöpfer mithilfe seiner speziellen »Baummaschine« Großbäume verpflanzen. Diese erfolgreiche Methode, die sich schon in Muskau bewährt hat, wird zu einer Art Markenzeichen des Fürsten, »vereinte er doch damit die Besänftigung der eigenen gärtnerischen Ungeduld mit dem ihm eigenen Hang zum Aufsehenerregenden« (Wecke, 2016). In den ersten fünf Jahren der Parkgestaltung sollen auf diese Weise etwa siebenhundert Eichen, Buchen, Linden, Ulmen, Kastanien und Robinien aus dem näheren Umkreis von vierzig Kilometern herangekarrt worden sein, zeitweise durch Unterstützung von bis zu 130 Gefangenen aus dem Cottbusser Zuchthaus. Sicherlich bereut Pückler den Schritt, die wenigen brauchbaren Bäume um Branitz vor Jahren vom väterlichen Besitztum nach Muskau transportiert zu haben. Insgesamt werden bis zum Abschluss der Arbeiten 1871 mehr als hunderttausend Gehölze angepflanzt, über sechzigtausend Quadratmeter Wege- und Platzflächen geschaffen und über fünfzigtausend Quadratmeter an künstlichen Wasserflächen angelegt (Streidt/Wecke, 2016). Damit die neu gepflanzten Bäume besser anwachsen, bedient sich der Fürst einer unkonventionellen Methode, die heute jeden Gärtner vor Ekel schütteln ließe. Ganze Tierkadaver werden als organischer Dünger im Wurzelraum vergraben. »Von einem Pferdefleischer erhielt der Fürst zu diesem Zweck sämtliche tierischen Abfallprodukte, und nachweislich hat er auch verendete Parkpferde, Schafe und eine Kuh zur Düngung verwendet.« (Wecke, 2016)

Angesichts der trostlosen Situation des Schlosses und seines Umfelds beginnt der »Erdbändiger« noch im Jahr des Einzugs mit deren Verschönerung und Umgestaltung. Das schlichte Gebäude bildet den Mittelpunkt der Anlage und spielt von Anfang an eine zentrale Rolle. Wassergräben werden zugeschüttet, eine umlaufende Terrasse angebaut, Nebengebäude im englischen Tudorstil zum Kavalierhaus und Marstall umgebaut. Bis 1852 ist der erste Bauabschnitt abgeschlossen. Das Gebäude erstrahlt in neuem Glanz. Der Dresdner Baumeister Gottfried Semper, der bei seinem Arbeitsantritt am 1. April 1847 zunächst an einen Aprilscherz denkt, als Pückler davon spricht, sich einen behaglichen Wohnsitz in der öden Steppe schaffen zu lassen, leistet ganze Arbeit. Besondere Bedeutung misst der Fürst der Gestaltung des Pleasuregrounds bei, des unmittelbar an das Haus angrenzenden Gartenbereichs, den er als »Salon unter freiem Himmel« bezeichnet und der nur für ihn, seine Familie und Gäste bestimmt ist. Hier setzt Pückler verspielte Schmuckelemente wie Beete in Tortenform, funkelnde Glaskugeln, Schwanenhäuschen, gerahmte Blumenbeete und elegantes Gartenmobiliar ein. Im Frühjahr sprießen Tulpen, Goldlack, Gedenkemein und Stiefmütterchen, im Sommer wachsen Salbei, Zinnien, Eisenkraut und Dahlien, um nur einige der Blumen zu nennen, die dort bunt gemixt blühen.

Der rastlose Fürst verliert trotz der intensiven Freiluftbeschäftigung, den Umbauten an seinem Schloss und seines fortschreitenden Alters nicht seine Reiselust.

Es kommt einem Suchtverhalten gleich. Kaum ist er für ein paar Wochen mit Absteckstock, Axt und Spaten beschäftigt, tauscht er die Arbeitskleidung wieder gegen die elegante Reisegarderobe ein. Ganz so, als ob Branitz ihn langweile oder er Angst habe, etwas zu verpassen, verlässt der Unstete in den kommenden Jahren immer wieder seinen Wohnsitz in der Niederlausitz für Besuche an anderen Orten.

Nur seine Präsenz in Berlin nimmt ab 1847 ab. Durch die eigenen gärtnerischen Aktivitäten in Branitz und den Umzug des Prinzenpaars auf die Residenz nach Koblenz im Frühjahr 1850 reduzieren sich die Besuche in Babelsberg, obwohl er dessen Gestaltung bis etwa 1854 betreut. Gern hätte Pückler auch in der Rheinprovinz die Regie über die Gartengestaltung übernommen. Zu seiner Enttäuschung erhält Konkurrent Lenné den Auftrag für die Rheinanlagen, ihm bleibt nur eine beratende Funktion. Doch der freundschaftliche Kontakt zu Wilhelm und Augusta bleibt erhalten. Er wird das Paar in den 1850er-Jahren mehrfach im Kurfürstlichen Schloss in Koblenz besuchen, 1853 begeht er mit ihnen gemeinsam das Weihnachtsfest.

Von innerer Unruhe getrieben, hält sich der exzentrische Lebemann im Jahr 1848 in Hamburg, Potsdam, Berlin, Köln, Frankfurt, Bamberg, Fürth, Regensburg, Passau, Linz und Wien auf. Das sind, gerade für die damalige Zeit, bemerkenswert viele Orte für einen Reisenden. Im Frühjahr erlebt Pückler die Märzrevolution in Berlin. Die Unruhen lösen einen tiefen inneren Zwiespalt in ihm aus, denn dem Fürsten steht der Demokrat und der Demokrat dem Fürsten im Wege. Varnhagen unterstellte einst, dass aus dem Hochgeborenen »ein

Linker geworden« wäre, wenn er nicht als Graf geboren und zum Fürsten erhoben worden wäre. Mit dem Herzen steht der Fürst aufseiten der Revolutionäre, mit dem Verstand auf der Seite der Etablierten. Letztlich mischt er sich nicht aktiv in die aktuelle Lage ein, denn zeitlebens interessiert er sich kaum für Politik. »Es ist schon wahr, daß ich nur künstlerisch schaffend in meinem wahren Elemente bin«, sinniert er im Park zu Branitz. »Meine Haupteigenschaft ist der Geschmack – der in allem das möglichst Vollkommenste zu erreichen sucht und es zu finden versteht.«

Es ist nicht leicht, seinen politischen Standpunkt auszumachen. Eine einheitliche Linie ist, bis auf seine unverkennbare Sympathie für die Demokratie, nicht erkennbar. Bösartig könnte man unterstellen, dass der Hochgeborene ein gekonnter Taktierer ist, der sich ungern festlegen mag, um sich nirgends unbeliebt zu machen. »Findet sich eine Aussage pro, kann man problemlos woanders das Kontra dazu finden. Das ist auch ein Grund dafür, dass jeder mit ihm etwas anfangen, aber keiner ihn so recht gebrauchen konnte. Seine Überlegungen hinsichtlich einer gerechten Ordnung der Gesellschaft waren so viel wert wie die eines Löwen, zum Vegetarismus zu konvertieren. Sein Egoismus ließ ein Abgehen von seiner durch und durch aristokratischen Lebensweise überhaupt nicht zu.« (Friedrich, 2010)

Im Spätherbst des Jahres kehren Lucie, die aus Angst vor den nahen Berliner Unruhen nach Dresden geflüchtet ist, und ihr in Berlin weilender »Lou« ins friedlich gebliebene Branitz zurück. Mit dreitägiger Verspätung wird Pücklers 63. Geburtstag mit einem rauschenden

Fest begangen, zu dem Arbeiter und Bauern geladen sind, deren anfänglich skeptische Haltung gegenüber dem Gartenprojekt längst dem Stolz über ihr Schaffen gewichen ist. Bis nachts um drei Uhr schwingen die Anwesenden das Tanzbein. Der Fürst ist einer von ihnen. Und er ist längst der Hauptarbeitgeber des Landstrichs, dem die Gäste gehörigen Respekt für die verrückte Idee zollen, aus der »Niederlausitzer Wüste« einen Garten Eden zu erschaffen. Neben den Gärtnern beschäftigt Pückler rund siebzig Arbeiter, die in der Saison einen Wochenlohn von eineinhalb bis zwei Talern erhalten und von Sonnenaufgang bis zum Einbruch der Dunkelheit arbeiten. Durchschnittlich gibt Pückler etwa fünftausend Taler im Jahr für den Park aus und doppelt so viel für die Baumaßnahmen am Schloss. Außerdem benötigt er ein paar Tausender für die persönliche Haushaltsführung von sich und Lucie. Kritik an seinem aufwendigen Lebensstil verbittet er sich.

Was ihn in diesen Jahren beschäftigt, ist häufig unangenehmer Natur. Es sind Todesfälle in der Familie und im engeren Freundeskreis. 1846 ist Helmine verstorben, 1848 stirbt sein junger Neffe, den der Gartengestalter als Erbe vorgesehen hatte. 1849 folgt seine Schwester und noch im selben Jahr seine Mutter, die Pückler seit früher Kindheit nur selten zu Gesicht bekommen hat, »so daß ich wohl während 56 Jahren, alle verschiedenen Vereinigungen zusammengenommen, kaum ein Jahr mit meiner Mutter verlebt habe«, wie er feststellt. Auch Lucie, die nun überwiegend in ihrer Stadtwohnung in Dresden lebt, geht es nicht gut. Von ihrem Stil, ihrer Eleganz und Korrektheit ist nicht mehr viel übrig. Die Kränkelnde zeigt sich zunehmend behäbig und missmutig, hat kaum mehr Interesse an Literatur und Natur. Pücklers Reisen, denen sie sich nie angeschlossen hat, kann sie nichts abgewinnen. Der Tod ihrer Tochter Adelheid, die in geistiger Umnachtung stirbt, drückt auf die Seele, eine schleichende Krankheit zwingt sie verstärkt in den Rollstuhl.

Fürsorgliche Betreuung erhält Lucie durch Varnhagens Nichte Ludmilla Assing, die sich später auch um Pückler verdient macht. Die junge Hamburgerin, die »niemals Sinn für Eleganz, Komfort, bonne chére und desgleichen« hat, wird in den nächsten Jahren zu einer engen Vertrauten des Fürsten, der ihr später seine Tagebücher und viele Dokumente seines Lebens überlässt. Ludmilla, die 1842 zu ihrem Onkel nach Berlin zog und den Salon Rahel Varnhagens mit mäßigem Erfolg weiterführte, wird für Pückler zu einer guten Sachwalterin. Als Herausgeberin von neun Bänden »Briefwechsel und Tagebücher des Fürsten Hermann von Pückler-Muskau«, die zwischen 1874 und 1876 in Berlin erscheinen, und Verfasserin seiner ersten Biographie enttäuscht sie sein Vertrauen nicht. Ludmillas Aufzeichnungen von persönlichen Gesprächen, ihre intimen Kenntnisse und die umfangreiche Korrespondenz schaffen einen umfangreichen Fundus für die Forschung zu Fürst Pückler und seiner Zeit, der bis heute seine Aussagekraft bewahrt hat. Dass sich zarte Bande zwischen der jungen Frau und dem greisen Kavalier entwickelt haben sollen, ist nicht bewiesen. Pückler bekennt in einem Brief, er sei »der busenlosen Nichte des ›großen Onkels‹ seit ihrer Kindheit attachiert« gewesen. Er brachte ihr wohl Zuneigung entgegen, noch mehr aber Hochachtung und Verehrung.

Im Oktober 1851 begibt sich Pückler nach London, um die Eröffnung der Weltausstellung mitzuerleben. Wieder einmal sorgt der deutsche Fürst mit seiner Anwesenheit für Furore. Alle Sorgen scheinen weit weg. Die Achtung, die ihm entgegengebracht wird, wirkt wie ein Jungbrunnen auf ihn. Er fühlt sich frisch und gibt sich unbeschwert. Bei einem Diner der Herzogin von Somerset hält ihn die hübsche Lady Seymour, die ihm vor 25 Jahren schon einmal als 17-jähriges Mädchen begegnet war, für seinen eigenen Sohn. Die Verwechslung ergötzt ihn, nicht ohne Stolz auf sein jugendliches Aussehen.

Kurz nach seiner Englandreise ist Pückler 1854 in Paris. Es ist ein längerer Aufenthalt in der geliebten Stadt an der Seine. Von Koblenz kommend, erreicht der »Ewig-Reisende«, wie er sich nun selbst nennt, die französische Hauptstadt und wird vom Kaiser der Franzosen, Napoleon III., mit Aufmerksamkeiten überschüttet. Pückler genießt die höfische Üppigkeit und die französische Lebensart in vollen Zügen. Mit dem Kaiser teilt er die Leidenschaft für den Luxus und glanzvolle Geselligkeiten sowie das Faible für englische Landschaftsgärten. Da fügt es sich gut, dass Napoleon III. gerade mit der Planung eines Grüngürtels für die wachsende französische Hauptstadt begonnen hat. Der schönen Aufgabe, aus dem ungepflegten Bois de Boulogne vor den Toren der Metropole einen repräsentativen Landschaftsgarten nach englischem Vorbild anzulegen, stellt der »Grüne Fürst« gerne seine Fachkompetenz zur Verfügung. Mit Feuereifer tüfteln die beiden Gartenenthusiasten an den Plänen. Nach Hause schreibt Pückler an den ehemaligen Obergärtner Eduard Petzold in Muskau: »Seit wir uns nicht gesehen, habe ich mit dem Kaiser der Franzosen im Bois de Boulogne wörtlich gearbeitet, und ich freue mich, immer zu sehen, wie mehr und mehr die Kunst der Landschaftsgärtnerei in Aufnahme kommt und besser verstanden wird.«

Während seines Parisaufenthalts trifft der Fürst auf den Schriftsteller Alexandre Dumas, Autor des bekannten Werks »Der Graf von Monte Christo«. Dass der Deutsche Eindruck hinterlässt, spiegelt folgende Beschreibung wider: »Wenn man den Prinz Pückler sieht, spürt man eine dieser starken Organisationen, die die Natur oft aus Launenhaftigkeit sich amüsiert, in einen Körper einzusperren, der zu schwach scheint, um sie zu beinhalten. So scheint der Prinz aus Kontrasten zu bestehen ... Er sieht viel jünger aus als er ist. Seine Erscheinung ist elegant, seine Hautfarbe ist blaß.«

Pückler versäumt es nicht, Heinrich Heine in einer Dachwohnung in der Rue d'Amsterdam aufzusuchen. Obwohl er das »originelle Genie« schon lange schätzt und Briefe mit ihm ausgetauscht hat, ist er ihm bisher nie begegnet. Der von Bauch- und Gliederschmerzen befallene jüdische Dichter, der laut Pückler schon in seiner »Matratzengruft« liegt, als sie sich treffen, benötigt die Hilfe des »fashionabelsten aller Sonderlinge« beim Eintreiben von Honoraren. Gefällig setzt sich der Fürst bei Cotta und Campe für den Schwerkranken ein. Ob das eintreffende Geld von den Verlagen selbst stammt oder aus der Schatulle des großzügigen Bewunderers Pückler, der notleidende Künstler, Dichter und Sänger immer wieder unterstützt, bleibt ein gut gehütetes Geheimnis.

Am 8. Mai 1854 stirbt Lucie in Branitz im Alter von 78 Jahren in ihrem Rollstuhl. Pücklers Schmerz ist grenzenlos. Ob er zu diesem Zeitpunkt noch unterwegs ist, ist ungewiss, auch, ob er an ihrem Begräbnis teilnimmt. Eine feierliche Beerdigung auf dem Branitzer Friedhof, an dessen Rand sich Lucie eine schlichte, grün umrankte Grabstelle selbst ausgesucht hatte, gibt es ihrem Wunsch gemäß nicht. Der trauernde Witwer lässt ein schmuckloses Holzkreuz mit der Inschrift »Ich denke Deiner in Liebe« anbringen. Lucies Faktotum Billy Masser, zu dem die Verstorbene ein inniges Verhältnis pflegte, zeigt sich tief erschüttert. Der Fürst übernimmt ihn wie selbstverständlich in seinen Dienst und findet in ihm einen klugen und umsichtigen »Manager«. Billy ist alles in einem: Diener, Planer, Sekretär, Hofmarschall, Schriftführer und Schachpartner. Treu ergeben erfüllt er alle aufgetragenen Anweisungen zu Pücklers voller Zufriedenheit. Nach dessen Tode wird er eine bürgerliche Existenz mit Familie in Dellbrück bei Köln führen.

Der Tod Lucies ist eine Zäsur im Hause Pückler. Der Fürst kann seine Exzesse und Abenteuer, »sein Vergnügen am Kaleidoskop des Lebens, seine Einschätzung der bunten Welt« (Jelaffke, 1993) künftig nicht mehr mit der Vertrauten, ewig Verständnisvollen teilen. Mit Lucie hat er sein Alter Ego verloren, den Geist von Muskau, und es ist ihm ein schwacher Trost, sich ihrer zu erinnern. Wehmütig und dankbar wird ihm bewusst, dass diese Frau den Künstler in ihm hervorgebracht hat. Ohne Lucies stetige Unterstützung und ihren festen Glauben an sein Können wären ihm weder die Gärten in Muskau und Branitz gelungen noch seine Bücher geglückt. Dass Lucie ihre an Pückler gerichteten Briefe regelmäßig verbrennen ließ, um das Bild ihres Gatten erstrahlen zu lassen, entspricht im 19. Jahrhundert dem Ideal weiblicher Aufopferung für den Ehemann, ist aber aus Sicht der heutigen Forschung mehr als bedauerlich.

Der verwitwete Fürst ist nun 69 Jahre alt, aber immer noch voller Schaffens- und Tatendrang. Er reagiert auf die für ihn typische Weise, um mit der Trauer klarzukommen: Er reist. Kopflos verlässt er Branitz und begibt sich, scheinbar planlos, über die Schweiz nach Italien, wo er sich einen alten Traum erfüllt und Sizilien erkundet. Was er zunächst nicht ahnt: Es werden zwei Jahre vergehen, bis er den Kopf wieder frei hat, um nach Hause zurückzukehren und sich der begonnenen Aufgaben mit neuer Kraft zu widmen.

Erst im Jahr 1863 wird die Gestaltung der Innenräume des Branitzer Schlosses komplett abgeschlossen sein. Mit Liebe fürs Detail hat der Potsdamer Hofbaurat Ferdinand von Arnim, der hauptberuflich für das preußische Königshaus tätig ist, die aufwendige Gestaltung des Außenbereichs aufgegriffen und das Innere des schlichten spätbarocken Schlosses wie in einem Märchen aus Tausendundeiner Nacht geschmackvoll ausgestattet. Jeder Raum wird mithilfe fleißiger Hände und angeregt durch die französische Mode individuell gestaltet. Dabei wird geklotzt und nicht gekleckert. Aufwendige Wanddekorationen, türkische Teppiche, farbenfrohe Textilien, hochwertige Möbel, Ahnenbilder und Reiseutensilien des Hausherrn führen zu einer besonderen Atmosphäre von Individualität und Eleganz. Varnhagen von Ense schwärmt von »Pracht und Geschmack im höchsten Verein«. Passend zum Interieur trägt der Herr des Hauses in seinen privaten Räumen häufig ein bequemes orientalisches Gewand mit Pluderhosen und Pantoffeln, gelegentlich sogar den türkischen Fez auf dem Kopf. Vertraute sehen ihn beglückt, Wasserpfeife rauchend durch die repräsentativen Räume, deren bunte Glasfenster helles Licht ins Innere werfen, lustwandeln. Die Intimität seines mit Löwenfell, Straußenfedern, Flinten und Säbeln dekorierten Schlafzimmers zum Thema Afrika ist nur ihm selbst vorbehalten. Es ist sein persönliches Refugium, Rückzugsort und Stätte der Kontemplation inmitten eines stimmigen Gesamtkunstwerks, an dem der Besucher die umfangreichen Lebens- und Reiserfahrungen des Bauherrn ablesen kann.

Bis zu seinem Todesjahr 1871 setzt Pückler seine Arbeit am Gartenkunstwerk Branitz fort. Mancher Rückschlag muss verkraftet werden. Waldbrände und Wirbelstürme, die einige Male für Verwüstungen und Schäden sorgen, erfordern starke Nerven. Blutbuchen, Silberpappeln, Winterlinden müssen nachgepflanzt, Glasdächer der Gewächshäuser ersetzt, Überschwemmungen beseitigt werden. 1864 gibt es einen großen Schreck: Die Bahnlinie Berlin–Görlitz soll mitten durch den Park gebaut werden. Aber er wäre nicht der »tolle Pückler«, wenn es ihm nicht gelänge, erfolgreich Widerstand zu leisten und die geplante Verstümmelung des Parks zu verhindern.

Zur fortlaufenden Pflege des Branitzer Parks gehört auch die Betreuung der Anzuchtflächen für Blumen und Sträucher, der Baumschulen und der sogenannten Baumuniversität, eines Aufzuchtareals, in dem unterschiedliche größere Bäume in angemessener Entfernung voneinander wachsen, um jederzeit kranke oder abgestorbene Exemplare ersetzen zu können. Und da nicht allein die Gartenkunst, sondern auch eine gute Küche zu den Leidenschaften des Fürsten zählt, ist ein gut bestellter Nutzgarten absolute Notwendigkeit für den Gourmet. Im nördlichen Innenhof ziehen die Gärtner Obst und Gemüse, auch gibt es eine Orangerie und Gewächshäuser mit beheizbaren Frühbeeten, in denen neben Champignons unter anderem auch Ananas gezüchtet werden.

Die Zucht der exotischen Frucht ist langwierig. Bis aus dem Steckling im Anzuchthaus eine reife Frucht im beheizten Gewächshaus wird, vergehen Jahre. Pücklers anfängliche Hoffnung, mit dem exklusiven Luxusartikel die Finanzen aufbessern zu können, zerschlägt sich aufgrund ihrer mühsamen Zucht und ihrer nachlassenden Exklusivität. Um 1840 darf die kostbare Frucht auf keiner besseren Desserttafel mehr fehlen und gilt als Statussymbol. Als ab 1870 die Früchte durch umfangreichen Import für breitere Schichten erschwinglich werden, büßt sie ihren Reiz ein. Die in Branitz geernteten Früchte verschenkt der Fürst gerne an ausgesuchte Damen. Auch die verehrte Augusta, spätere Königin von Preußen, gehört zu den auserwählten Empfängerinnen. In der damals kursierenden »Blumensprache« dürfte sie sich über das essbare Kompliment gefreut haben. Die Ananas bedeutet: »Du bist perfekt.«

Exkurs: Pückler als Gourmet

Nicht nur die Gartenkunst gehört zu den großen Leidenschaften des Fürsten. Der exzentrische Snob, Frauenverführer, Reiseschriftsteller und Gartengestalter pflegt eine weitere, weniger offensichtliche Leidenschaft. Seit früher Jugend liebt er feine Speisen, wenig später auch den Weingenuss. Die französische, englische und italienische Küche lernt er ebenso kennen und schätzen wie afrikanische und orientalische Genüsse. Trotz ständiger Geldnöte verzichtet der »Gutschmecker«, wie er sich selbst in einem Brief bezeichnet, auch in klammen Zeiten ungern auf Butter aus Holstein, Gänseleberpastete aus Toulouse, Rheinlachs und Konfitüren aus Paris. Und selbst auf der mörderischen Afrikaexpedition spielt die gepflegte Tafelkultur eine Rolle. Solange die Vorräte halten, isst und trinkt er auf Reisen, wonach es ihn gelüstet, gleichwohl in Maßen. Danach flattern genügend Rebhühner und Tauben vor die Flinten seiner Bediensteten, damit er die Freude am kulinarischen Genuss, der um nährstoffreiche frische Datteln ergänzt wird, aufrechterhalten kann.

Der Gourmet Pückler ist seinen Besuchern ein großzügiger Gastgeber. In dieser Rolle brilliert er insbesondere in Branitz nach dem Tode Lucies. Der Fürst schätzt anregende Abende bei tiefsinnigen Gesprächen und exzellenten Menüs in Gesellschaft weniger, aber ausgesuchter Gäste. Darunter befinden sich Könige und schöne Frauen, Künstler und Gelehrte, Landadel und Militär, gerne auch die eigenen Architekten und Gärtner. Prinz Albrecht von Preußen beispielsweise wird bei einem Aufenthalt an seiner erlesenen Tafel mit ausgewählter Kost verwöhnt – ihm werden »Pilzsuppe, Sardines a l'huile, Hecht italienisch, Rindsfilet mit Gemüse, milder Schweinsrücken mit Johannisbeergelee, Spargel, Kirschkuchen, sicilianisches Eis« aufgetischt. Das sind etliche Gänge mehr als die gewöhnlichen vier. Die Getränkebegleitung besteht aus Madeira als Aperitif, gefolgt von Bordeaux, Rheinwein, Champagner, English Ale und zum Abschluss einem mysteriösen Getränk, das Billy Masser als »Burnabad« bezeichnet. Dieses kulinarische Verwöhnprogramm entspricht voll und ganz den Vorstellungen der Gastrosophie, der Lehre von den Freuden der Tafel, wie sie im 19. Jahrhundert diskutiert wird und deren Schriften dem Fürsten bekannt sein dürften. Die »Feinschmeckerei« soll, so lautet die Idee, unterschiedliche soziale Schichten beim gemeinsamen Genuss und bei lebhaft-locker geführten Gesprächen zusammenführen und einander näherbringen. Der Lausitzer Standesherr scheint auch dieses Metier meisterhaft beherrscht zu haben.

Pücklers Genussfähigkeit und sein guter Geschmack werden im Laufe seines Lebens zunehmend zu Eigenschaften, die seinen Ruhm sichern. Aus dem »großen Freund der Gastronomie« wird ein echter Feinschmecker und »Weinkenner von Gnaden«, der sich nicht scheut, das eine oder andere Mal Verbesserungsvorschläge am eigenen Herd zu demonstrieren. Trotz seiner schlanken Figur ist der Fürst offensichtlich ein guter

Essen. Bei einem Aufenthalt im französischen Argeles-sur-Mer verzehrt er laut eigener Angabe eine üppige Speisefolge aus »einer Fleischbrühe mit verlorenen Eiern, zwei Forellen, Ortolanen, ein Fricandeau, eine Wachtel à la Maître d'Hôtel, drei gebratene Krammetsvögel, zwei Sahnespeisen mit Orangenblüten, Obstkuchen, ausgezeichnete Nüsse, Äpfel von Saint-Savin, zum Abschluss Landkäse mit frischer Butter, begleitet von einer guten Flasche Bordeaux«. Das Raffinement der fürstlichen Haushaltung fernab der Metropolen erweckt Erstaunen. Obwohl die Postkutschenära noch andauert, finden sich Mittel und Wege, empfindliche Nahrungsmittel wie frische Austern, schwarze Trüffel, feines Olivenöl, Weine und Champagner oder auch wertvolle Zigarren aus entfernten Winkeln Europas zu transportieren.

Von 1854 bis zu Pücklers Tode führt der kleinwüchsige Sekretär Wilhelm Heinrich Masser alias Herr Billy auf den Wunsch seines Herrn hin sogenannte Tafelbücher. Tag für Tag hält er fest, was die Küche und der Keller in Branitz auftischen. Gleich fünf dieser Bücher, die insgesamt 2960 Menüs aufzählen, blieben erhalten. Die verzeichneten Speisefolgen, die Namen der Still- und Schaumweine, dazu die Liste der Gäste geben Auskunft über die verschwenderisch üppigen Gelage, die viele Köstlichkeiten aus den fürstlichen Gewächshäusern und Nutzgärten beinhalten.

Im Frühjahr gibt es gern Spargel und Erbsen, im Herbst Palmkohl und Schwarzwurzel. Das Gemüse wird nicht, wie heute üblich, als Beilage serviert, sondern als Übergang zwischen den Fleischspeisen und den süßen Nachspeisen gereicht. Hinzu kommen vergessene Spezialitäten vergangener Zeiten wie die zarte gelbe Wurzel der Nachtkerze oder die Blattstiele der Wilden Artischocke. Dieses als »Cardon« in jedem französischen Kochbuch beschriebene Gemüse gilt als Delikatesse und zählt zu den Lieblingsspeisen des Fürsten, der im Übrigen auch sehr gern Salat isst, und das möglichst täglich. Nicht zuletzt findet sich die in Gewächshäusern gezogene Ananas, die pur als Dekoration genossen oder zu Cremes und Eis verarbeitet wird und auch als Einlage in Bowlen oder Punsch dient. Mit dem Abschied des Gärtners und Ananas-Spezialisten Heinrich Wilhelm Freschke 1865 verliert Pückler das Interesse an der ehemals hochgeschätzten exotischen Frucht, die er immer wieder gern verschenkt. Wer nun meint, Pückler schätze nur exklusive Spezialitäten, der irrt. Auf regionale Speisen »wie die Spreewälder Gurken, Krebse und Neunaugen aus den benachbarten Seen, wendischen Quarkkuchen und vor allem auf die heiß begehrten Kiebitzeier hätte er ungern verzichtet« (Heilmeyer, 2016). Auch die Leberwurst eines Cottbusser Fleischermeisters, verfeinert mit Majoran und Knoblauch, fand seine Hochachtung. Staunen kann man auch angesichts der vielen fantasievollen Speisekompositionen, die in der Branitzer Küche zubereitet und im Speisezimmer serviert werden. Da gibt es nicht nur »Karpfen à la Chambord« oder »Ragout Financière«, sondern auch Gerichte mit raffinierten Soßen, etwa »Aal blau mit Tartarsauce«, »Pastete vom Fasan mit Absinth«, »Rehrücken mit Moskowiter Sauce« und »Rindsbrust mit Sardellensauce«. Zum Dessert wird gern »Pudding à la Nesselrode«, »Champagnerauflauf« oder »sizilianisches Schaumgebäck« gereicht.

Die Aufzeichnungen in den Tafelbüchern brechen am zweiten Weihnachtstag 1870 ab. »Der Herr Fürst – krank«, schreibt Herr Billy einige Tage hintereinander in der Spalte, die sonst die anwesenden Gäste aufführt. Eine der letzten Gaumenfreuden, die der Todgeweihte noch zu sich nimmt, soll das nach ihm benannte Eisdessert »à la Prince Pückler« gewesen sein.

Doch die immer wieder auftauchende Annahme, dass der kreative Fürst eine eigene Speisekreation hinterlassen habe, ist falsch. Nur der Legende nach gibt Pückler – wie die australische Sängerin Nellie Melba, für die der große Koch Auguste Escoffier ein köstliches Dessert kreierte – den eigenen Namen für eine erlesene Eiskomposition her. Deren Urheberschaft bleibt unklar. So soll Louis Ferdinand Jungius, Koch am königlich preußischen Hof, 1839 die Spezialität ins Leben gerufen haben. Aber auch die These, dass ein Konditormeister namens Schultz die fürstliche Eisspeise erfunden habe, klingt überzeugend. Demnach war im Berliner Stammhaus »Café Kranzler«, damals Unter den Linden und damit unweit von Pücklers Refugium ansässig, eine halbgefrorene Süßspeise erhältlich. Beeindruckt von Pücklers bunter Textsammlung, die 1834 unter dem Namen »Tutti Frutti« erschienen ist, bittet Konditor Schultz um die Erlaubnis, den Namen des Fürsten für die Kreation verwenden zu dürfen. Der Umsatz soll sich danach verdoppelt haben. Mehr weiß man über diesen Schultz nicht. Aber dass ein Konditor eine Eisspeise kreiert, ist plausibel: Im frühen 19. Jahrhundert stellen Konditoreien neben Torten auch Eisspeisen her. Die Komposition des Konditors Schultz bezieht sich zudem optisch auf das Haus Pückler. Sie orientiert sich an den Farben des Familienwappens in Schwarz, Gelb, Rot und dessen Gestaltung mit Fürstenhut und Hermelinpelz, die der Fürst höchstpersönlich in Auftrag gegeben hat. Fürst-Pückler-Eis, in den 1960er- und 1970er-Jahren groß in Mode, ist bis in die Gegenwart ein stehender Begriff. Das verschollene Originalrezept wird unterschiedlich ausgelegt und heute als Kombination aus Vanille-, Erdbeer- und Schokoladeneis interpretiert. Früher verstand man eine halbgefrorene Eisbombe darunter, ein Demi-Glace aus geschichtetem Vanille-, Schokoladen- und Erdbeer- oder Himbeereis, dekoriert mit geschlagener Sahne, Früchten, Konfitüre und geriebenen Mandelmakronen.

Ergänzend zu den erlesenen Speisen dürfen im Hause Pückler bei keiner Mahlzeit die passenden Weine fehlen. Als Aperitif reicht man schwere Süßweine wie Madeira, Port, Malaga oder auch Xeres (Sherry). Als Speisebegleiter im Alltag bevorzugt der Herr des Hauses die Tropfen vom Rhein und seinen Nebenflüssen, beispielsweise vom Rüdesheimer Berg, edelste Gewächse aus Hochheim, Steinwein aus Franken, aber auch Moselwein und – nach einem Besuch des Weingutsbesitzers Jordan – Ruppertsberger aus der Pfalz. An welchem Tag welche Weine zu welchem Gericht gereicht werden, entnimmt der Interessierte ebenfalls den Pückler'schen Tafelbüchern. Im fürstlichen Weinkeller lagern auch französische Rot- und Süßweine. Große Namen aus dem Bordeaux befinden sich darunter: Château Larose, Château Léoville, Château Margaux, Château Rauzan, Sauternes und Château d'Yquem. Burgunder wie Romanée, Chambertin und Volnay finden sich hingegen weniger, vielleicht treffen sie nicht den Geschmack des Gastgebers. Und immer wieder taucht roter und weißer Champagner aus Ay, Verzenay oder Bouzy auf – ein Getränk, das der genussfreudige Fürst mehr oder weniger täglich still wie auch »sparkling« genossen haben soll und bis nach Afrika mitschleppen ließ.

Seine vielen Reisen haben den Fürsten schon früh in die Welt der Weine eingeführt. In London, dem Zentrum der damaligen Weinwelt, hat Pückler fürs Leben gelernt. In Geschmack und Qualität ist er geschult. Sosehr er Qualität schätzt, so hart geht er mit Weinen und Händlern ins Gericht, die ihm nicht das gewünschte Niveau liefern. Für dieses ist er bereit, fast jeden Preis zu zahlen. Die Londoner Händler, klagt er, »fabricieren« ihre »Gebräue« in der Stadt selbst. Misstrauisch äußert er sich über feine Weine, »von denen fünfzigmal mehr getrunken wird, als gewachsen ist«, und kündigt an, die Tropfen nur direkt »aus den Ländern zu beziehen, wo sie wachsen«. Selbst dort sind seine Inspektionen der Weinkeller auf der Suche nach Unverfälschtem nicht immer von Erfolg gekrönt.

Großes Glück für die Nachwelt ist die erhalten gebliebene gastronomische Korrespondenz des Fürsten. Aus fast allen Himmelsrichtungen treffen in Branitz Schriftstücke ein, in denen man ihm edle Weine offeriert, in Pücklers Briefen liest man Beschwerden über mangelnde Qualität. In der Kultur- und Konsumgeschichte des Weines sind seine Briefwechsel mit Bordelaiser und Burgunder »Négociants«, Berliner und Hamburger Weinhändlern wie Borchardt und Lorenz Meyer sowie den Champagnerproduzenten Heidsieck und Mumm einzigartig. »Es ist mir sehr unangenehm, Sie benachrichtigen zu müssen, dass, nachdem ich 200 halbe und fünfzig ganze Flaschen Champagner von derselben Qualität wie früher bei Ihnen bestellt hatte, ich nun, da der Wein angekommen, zu meinem größten Verdruß, nachdem ich von vier verschiedenen Flaschen gekostet, finde, daß dieser mir gesandte Wein einen mir ganz fatalen fettigen Beigeschmack hat, so daß ich ihn weder selbst zu trinken noch meinen Gästen vorzusetzen im Stande bin«, beschwert der Fürst sich am 21. April 1850. Ein anderer Händler bezieht nicht weniger Schelte: »Ihr Kommissionär in Berlin hat mir hundertzwanzig halbe Flaschen eines Champagnerweins geschickt, der so viel schlechter war als der vorige, dass ich verpflichtet bin Ihnen mitzuteilen, dass ich ihn nicht akzeptieren kann«, schreibt Pückler am 5. November 1856 dem »Proprietaire-Négociant« A. Sergent et Cie. in Mareuil-sur-Ay in der Champagne.

Letzte Jahre und Tod

Im Alter von siebzig Jahren packt der Gartenkünstler noch einmal eine große Aufgabe an. Er erweitert den Landschaftsgarten Branitz um den Westpark, dessen riesige Fläche von fünfzig Hektar dem ganzen Ensemble den großzügigen Charakter gibt. Inspiriert durch vergangene Orienteindrücke und die Endlichkeit des Lebens vor Augen, initiiert Pückler im westlichen Innenpark die Errichtung zweier Pyramiden. Vermutlich sieht er den Zeitpunkt gekommen, sich ernsthaft mit dem eigenen Ableben zu befassen, und wählt, typisch Pückler, ein spektakuläres Grabmonument, um den eigenen Tod zu inszenieren und der Vergänglichkeit zu trotzen.

Indem er die Pyramide als eigene Begräbnisstätte wählt, reiht er sich in eine beliebte Tradition in der europäischen Gartenarchitektur ein, denn in der zweiten Hälfte des 18. Jahrhunderts waren ägyptisierende Bauwerke, die symbolisch für Macht und Kontinuität stehen, in Landschaftsparks sehr populär. In vielen deutschen Adelsgärten wie Dessau, Gotha, dem Wilhelmspark in Kassel, in Potsdam und Machern werden ebenfalls Grabmäler in Pyramidenform errichtet. Das bekannteste Vorbild für die europäische Pyramidenrezeption dürfte die Cestius-Pyramide an der Porta San Paolo in Rom sein. Es ist anzunehmen, dass der viel gereiste Fürst dieses Denkmal kennt. Vielleicht inspirieren ihn auch die Pyramiden von Gizeh, die er auf seiner Ägyptenreise bestiegen hat, zu seiner Idee. Doch anders als im fernen Ägypten lässt er das imposante, bis heute bestaunte Grab nicht aus Stein, sondern aus Erde aufschütten und begrünen. Die 1856/57 errichtete und zwölf Meter hohe Pyramide steht auf einer künstlichen Insel im See und wird von wilden Weinreben umrankt, die den mystischen Ort im Herbst in leuchtendes Rot tauchen. Das Innere der Tumulus genannten Seepyramide enthält seine Grabstelle. Am südöstlichen Seeufer lässt Pückler auf einem Hügel noch eine kleinere Landpyramide anlegen, die für Lucies endgültige Ruhestätte vorgesehen ist. Wie die ägyptischen Pharaonen möchte der Lausitzer Gartenpharao mit den Pyramiden dem Himmel näher sein und der Nachwelt ein bleibendes Bauwerk hinterlassen. Die Inszenierung des Todes wird mit einem eingesetzten Spruch aus dem Koran in das Ziergeländer der Pyramide auf dem Hügel gekrönt. Darauf steht: »Gräber sind die Bergspitzen einer fernen neuen Welt«. Ein Gedanke, der das Sterben und die Vergänglichkeit hoffnungsfroh erscheinen lässt.

Die Leidenschaft des Reisens behält der Fürst auch im Alter bei. Und auch das Interesse an Frauenbekanntschaften nimmt nicht ab, wenn man den einschlägigen Quellen trauen darf. »Nach wie vor läßt er überall am Wege geknickte Herzen zurück«, schreibt Heinz Ohff. Ein wenig Misstrauen ist angebracht. Eine Geliebte behauptet, dass er noch als Achtzigjähriger ein beglückender Liebhaber gewesen sei. Von drei Damen sind platonische Beziehungen bekannt. Es sind Ida Gräfin von Hahn, die sich als Reiseschriftstellerin einen Namen macht, die Starautorin der GARTENLAUBE Eugenie Marlitt und die Schauspielerin Edwina Viereck. Letztere wirft sich ihm derart massiv an den Hals, dass er zurückschreckt. Die durch den Orient reisende Gräfin Ida Hahn-Hahn hingegen, die er nur durch Briefe kennt, verweigert sich ihm und möchte ihn gar nicht erst persönlich kennenlernen. Widerstand leistet auch die 43-jährige verschreckte Eugenie, der er im ersten Brief gesteht, von ihr eine »reizende Photographie, aus der ebensoviel Herzensgüte als liebliche Schalkheit herausblickt«, zu besitzen.

Welche Rolle seine Nichte, die 18-jährige liebreizende Tochter von Stiefbruder Max von Seydewitz, spielt, lässt sich nicht klären. Jedenfalls sind Ida von Seydewitz und der greise Fürst eine Zeit lang unzertrennlich. Monatelang weicht das Mädchen dem 75-Jährigen nicht von der Seite. Das »schöne Koboldchen«, wie Pückler sie liebevoll im Tagebuch nennt, begleitet ihn 1860 in der Funktion einer Gesellschafterin nach Wildbad und Baden-Baden zur Kur, danach auf ausgedehnte Reisen. 1862, bei seinem neunten und letzten Aufenthalt im geliebten Paris, ist sie noch immer an seiner Seite. Da ist Pückler bereits 77 Jahre alt. Auch diesmal ist er beeindruckt von allem, was Paris zu bieten hat, und teilt die Begeisterung mit ihr. Nicht ohne Stolz macht er seine Nichte auf den Bois de Boulogne aufmerksam, dessen Gestaltung er einst mitverantwortete.

Trotz der vielen Ablenkungen wird es zunehmend einsamer um Pückler. Die Reihen lichten sich, die eigene Gesundheit verschlechtert sich. Im Oktober 1858 stirbt sein langjähriger Weggefährte Karl August Varnhagen von Ense überraschend während einer Schachpartie. Mit dem Tod des 73-jährigen Varnhagen verliert Pückler einen wichtigen Gesprächspartner und langjährigen Vertrauten, der den Vorstellungen eines besten Freundes innerhalb seines Bekanntenkreises am nächsten kommt, obwohl sich der ehemalige Diplomat diesen Status verbeten hat, da er für den exzentrischen Pückler eher Sympathie und Respekt denn freundschaftliche Gefühle hegte. Der literarische Mentor, kritische Lektor und beständige Ratgeber wahrte stets förmlichen Abstand. Das Verhalten Varnhagens unterstreicht einmal mehr die These, dass Pückler eine auffällige Unfähigkeit zu dauerhaften Freundschaften besitzt. Er kann Menschen verzaubern, einwickeln und betören. Doch schleicht sich immer wieder etwas Mephistophelisches in seinen Charakter. Exzentrik, Flatterhaftigkeit, Zynismus und Rücksichtslosigkeit gegenüber Personen, deren er sich sicher glaubt, verhindern langfristige, selbstlose, auf Gegenseitigkeit beruhende Verbindungen und einen wirklich besten Freund. Heinrich Heine, den Pückler erst wenige Wochen zuvor in Paris gesehen hat, ist zu dem Zeitpunkt, an dem Varnhagen stirbt, bereits tot. Und auch Leopold Schefer, einzig verbliebener, längst entfremdeter Jugendfreund aus Muskauer Tagen, stirbt kurz darauf.

Niedergeschlagen von all den menschlichen Verlusten in seinem Bekanntenkreis, zieht sich der »Melancholicus« in sein Schneckenhaus nach Branitz zurück. Nach dem Abendessen pflegt er in langen Nachtstunden seine Korrespondenz. Ein charmanter Gedanken- und Zärtlichkeitsaustausch, still und ohne gegenseitige Besuche, findet mit Ada von Treskow auf dem Papier statt. Das Mädchen ist 20, er 75, als sie 1860 die Korrespondenz beginnen, und Ada meint, vom erfahrenen Weltmann und Schriftsteller lernen zu können. Die schwärmerische junge Frau, die er aus ihrem Elternhaus in feiner Berliner Gesellschaft kennt, schreibt entzückende Briefe, die mit ihrer azurblauen Tinte dem Greisen wie »Parfüm der Geliebten« vorkommen. Acht Jahre hält der fantasievolle, mit wechselnder Intensität geführte Briefwechsel, bis der »Holde Page« oder »Meine gute, kleine Biondetta«, wie er Ada zu nennen pflegt, sich 1866 nach Italien verheiratet. Pückler wird für sie zur Enttäuschung. Sein Interesse nimmt rapide ab. Sie muss verstimmt erkennen, dass sie nur amüsanter Zeitvertreib war, ernsthaftes Interesse an ihrer Person nie vorhanden gewesen ist.

An schlechten Tagen sehnt sich der Greis ins warme Florenz, wohin Ludmilla Assing 1862 übergesiedelt ist. Sein Nest in Branitz wirklich zu verlassen, davor schreckt er zurück, zumal der Fortentwicklung seiner schwierigen Scholle nach wie vor sein Hauptinteresse gilt. Im Juni 1863 sieht er nach langer Zeit seine »Hauptschöpfung« Muskau wieder. Die Einwohner begrüßen ihn stürmisch mit einem endlosen Fackelzug. Er wird gefeiert, denn sein Werk hat sich zum Stolz aller Beteiligten prächtig entwickelt.

Der Herr auf Branitz lebt nach seinem persönlichen Biorhythmus, der nichts mit dem harten Tagesablauf seiner Arbeiter zu tun hat. Aufstehen gegen elf oder zwölf Uhr, spätes Frühstück im orientalischen Morgenmantel, Empfang seiner Bediensteten zu Tagesanweisungen im Schlafzimmer, schließlich Inspektion der Gartenarbeiten im Park. Lange Zeit gräbt, wühlt und pflanzt er noch selbst, bedingt durch rheumatische

Schmerzen erteilt er aber mit zunehmendem Alter Befehle und Ratschläge von einem Wagen aus. Spontan und intuitiv geht er dabei zu Werke, denn er liebt die Improvisation und hält nichts von langfristiger Planung. Nur das abendliche Diner um neun Uhr, gern im Kreise ausgesuchter Gäste, verleiht dem Tag Struktur.

Erlauchte Besucher bringen willkommene Abwechslung in den eintönigen Alltag auf dem Lande: Pückler empfängt zahlreiche prominente Gäste, etwa den greisen Alexander von Humboldt, den Prinzen Carl von Preußen nebst Gattin Marie und Sohn Friedrich Karl, den preußischen König Wilhelm I., dem bei einem Besuch am 8. August 1862 kunstvolles Maroneneis »à la Nesselrode« serviert wird, bis hin zu dessen Gemahlin Augusta, die am 25. Juli 1864 zum ersehnten Besuch eintrifft und mit Himbeereis und »Römischem Eierpunsch«, dem Modegetränk der Zeit, erfrischt wird.

Der Besuch der von ihm bewunderten und verehrten Augusta, an deren Krönungszeremonie Pückler 1861 im ostpreußischen Königsberg als »Freund der Familie« teilnehmen durfte, ist ein Höhepunkt seiner späten Jahre. Der Fürst hatte lange auf das Kommen der Seelenverwandten, mit der er neben der Begeisterung für englische Landschaftsgärten das Interesse an der Tafelkultur teilt, gehofft. Als sie im Hochsommer ihr Versprechen einlöst und unter bemerkenswerter Logistik einen Tagesausflug von Babelsberg nach Branitz unternimmt, um sein Lebenswerk, den Landschaftspark, in Augenschein zu nehmen, ist Pückler überglücklich. Hinterher schreibt er entzückt, dass »dieser für mich so reiche Glückstag nur sechs Stunden gedauert hat – aber längst hat auch die Erfahrung dem Greis gelehrt,

Schloss Branitz von Norden mit Pleasureground, um 1890

daß die schönsten Augenblicke des Lebens stets nur die Kürzesten sind!« Und auch Augusta bleibt ihr anstrengender Reisetag nachhaltig in Erinnerung. »Wir hatten das beste Diner dessen ich mich seit langem erinnern kann beim Fürsten«, berichtet sie begeistert ihrem Gemahl. Der Herr von Branitz übertrifft sich selbst. Weder Kosten noch Mühen werden gescheut, um als perfekter Gastgeber zu glänzen und ein Festmahl aus Trüffeln, Gänseleberpastete, Krebsen und Karpfen zu zaubern, dessen Höhepunkt eine zarte Kalbsnuss und gehäutete, kurz gebratene Filets von Hühnerbrüstchen darstellen, zu denen ein kostbarer alter Sauternes getrunken wird.

»Fortwährend leidend« fühlt sich Pückler in den ersten drei Monaten des Jahres 1865. Als er Mitte April wieder »die Anlagen dirigiert«, erwischt ihn ein Gewitter mit Platzregen und zwingt ihn erneut zur Schonung auf Bett und Liege. Auch Gicht und Rheuma machen dem Greis zunehmend zu schaffen. Immer wieder schwächen Bronchitis, Grippe und Keuchhusten seine Konstitution. Doch trotz aller Leiden und nachlassender Kräfte hält das Leben noch ein paar Turbulenzen für ihn bereit: 1865 die Verleihung des Großkreuzes des Roten Adlerordens (es müsste mittlerweile der achte Orden sein!), 1866 ein letztes Techtelmechtel mit einer unbekannten 22-jährigen Schönen und schließlich Aufregungen um Ludmilla Assing, die aufgrund von Problemen mit der preußischen Zensur in Schwierigkeiten gerät und steckbrieflich gesucht wird.

Skurril gestaltet sich der Versuch, der altersbedingten Einsamkeit durch die Teilnahme am Deutschen Krieg zu entgehen. Am 4. Juli 1866 meldet sich der 81-jährige Generalleutnant »À la suite« im Hauptquartier zur Stelle, um ins Schlachtfeld zu ziehen, verpasst dann aber die entscheidende Schlacht bei Königgrätz, weil man den alten Herrn, der in voller Montur im Feldbett liegt, gar nicht erst weckt. Einen zweiten Versuch, den Heldentod zu sterben, unternimmt er 1870 zu Beginn des Deutsch-Französischen Krieges. Noch einmal meldet er sich als Freiwilliger, trotz Faible für Napoleon III. und Frankophilie. Der König winkt dankend ab. Wegen Alter und schwächlicher Gesundheit sei er nicht geeignet, heißt es.

Der Stern des Fürsten Hermann von Pückler verblasst, nachdem er zwischen 1830 und 1850 am hellsten gestrahlt hatte. Bis in sein letztes Lebensjahr aufgeschlossen, wach und voller Anteilnahme, muss er erleben, »wie seine Welt, die Ära aristokratischer Hoch-kultur, aufklärerischer Ideale und romantischer Kunstkonzepte, vom Sturmwind der Moderne hinweggefegt wurde« (Jacob, 2016). Die launische Mode wendet sich von ihm ab. Das Deutschland von 1870 entwickelt sich weg von Pücklers Werten und Idealen.

Zum Zeitpunkt des Todes seines stolzen Besitzers ist Branitz zu einem prachtvollen Wunderpark voller verborgener Orte der Kontemplation und Erinnerung erblüht. Inmitten der bis ins letzte Detail durchdachten Ideallandschaft ist ein außergewöhnliches Gartenreich entstanden, ein deutungsoffenes Kunstwerk mit Geheimnissen, Raffinessen und Anspielungen. Auf dem ehemals sandigen, platten Ackerland befindet sich ein mäanderndes Netz aus Wegen, Hügeln, Wasserflächen und Seen, Nutz- und Zierflächen, Baum- und Gehölzpflanzungen, das den Besucher staunen lässt. Die Abfolge der Parkräume orientiert sich am Lauf der Sonne: Im östlichen Bereich hinter der Parkschmiede geht sie auf, gegen Mittag steht sie über dem Schloss, um am Abend im Westen jenseits der spektakulären Pyramidenebene unterzugehen. Die verborgene Botschaft dieser Inszenierung verweist auf den ewigen Kreislauf vom Werden und Vergehen, in dessen natürlichen Ablauf sich die schillernde Persönlichkeit Hermann Fürst von Pückler friedlich einfügt.

»In der Nacht vom 4. auf den 5. Februar 1871 endlich entschlummerte er sanft und schmerzlos in seinem begonnenen 86. Lebensjahr«, schreibt Ludmilla Assing über das Ableben des Lebenskünstlers nach längerer Krankheit. »Das leuchtende Silberhaar umkränzte die hohe Stirn; Milde und Ruhe verklärten sein Antlitz.«

Noch zwölf Tage zuvor gratulierte er Wilhelm I. zur erhaltenen Kaiserwürde.

In seinem Park in Branitz liegt Pückler im Tumulus begraben, umgeben von klarem, stillem Wasser, die irdischen Überreste im Metallsarg zersetzt durch eine chemische Lösung, das Herz in einer gesonderten kupfernen Urne mit Schwefelsäure übergossen. Ganz so, wie der Verstorbene es sich wünschte, der nicht viel von abendländischen Ritualen hielt und diese ungewöhnliche Methode festgelegt hat, um seine Gebeine der Erde übergeben zu lassen. Das Begräbnis am 9. Februar 1871, bei zehn Grad Kälte und Schneegestöber, ist schlicht und würdevoll. Angeführt vom treuen Billy Masser, nehmen Freunde und Gärtner, Offiziere und Deputierte bei Trommelwirbel und Glockengeläut Abschied. Lucies Leichnam wird auf Wunsch des Erben und Neffen Heinrich Graf von Pückler 1884 in den Tumulus zu Pückler umgebettet. Die für sie bestimmte Landpyramide bleibt leer.

Pücklers letzter Eintrag in sein Tagebuch im Dezember 1870 lautet: »Kunst ist das Höchste und Edelste im Leben, denn es ist *Schaffen zum Nutzen der Menschen*. Nach Kräften habe ich dies mein langes Leben hindurch im Reiche der Natur geübt.«

Zeittafel

1785
Hermann Ludwig Heinrich von Pückler-Muskau kommt am 30. Oktober als Sohn des Geheimrats Graf Ludwig Carl Hans Erdmann und dessen Ehefrau Clementine Gräfin von Callenberg im Schloss Muskau im sächsischen Markgraftum Oberlausitz zur Welt.

1792–1802
Besuch verschiedener Bildungseinrichtungen in Uhyst, Halle und Dessau. Aufnahme eines Jurastudiums in Leipzig, ein Jahr später Abbruch des Studiums.

1802
Pückler tritt als Leutnant in das Regiment der sächsischen Gardes du Corps ein. Zwei Jahre später, 1804, quittiert er den Militärdienst im Rang eines Rittmeisters und kehrt nach Muskau zurück.

1806
Flucht des hoch verschuldeten Pückler vor den Gläubigern nach Wien. Vier Jahre andauernde »Jugendwanderung« durch Süddeutschland, die Schweiz, Frankreich und Italien.

1811
Tod des Vaters. Pückler, der die Titel »Reichsgraf von Pückler« und »Baron von Groditz« sowie das Schloss

Branitz erbt, übernimmt die Standesherrschaft Muskau und entwickelt erste Pläne zur Landschaftsgestaltung.

1813/14
Pückler nimmt als Oberstleutnant des Großherzogs von Sachsen-Weimar-Eisenach an den Befreiungskriegen gegen Napoleon Bonaparte – unter anderem an der Völkerschlacht bei Leipzig – teil. 1914 tritt er seine erste Englandreise an.
Während Pücklers Abwesenheit übernimmt der Dichter Leopold Schefer, ein Jugendfreund Pücklers, die Verwaltung Muskaus.

1815
Pücklers Aufruf »An die Bewohner Muskaus« bildet der Auftakt zu seiner »Landesverschönerung«.

1817
Eheschließung mit der neun Jahre älteren Lucie Reichsgräfin von Pappenheim, geborene Freiin von Hardenberg-Reventlow. Sie ist die Tochter des preußischen Staatskanzlers Karl August Fürst von Hardenberg.

1818
Teilnahme am Aachener Kongress. Bemühungen um Aufnahme in den diplomatischen Dienst.

1822
Erhebung in den Fürstenstand durch Friedrich Wilhelm III. von Preußen.

1826
Pro-forma-Scheidung von Lucie aufgrund finanzieller Probleme. Beginn der »Brautreise« nach England mit Zwischenstation in Weimar. Rückkehr nach Muskau über Frankreich und Leipzig.

1830
Veröffentlichung der ersten beiden Bände der »Briefe eines Verstorbenen«.

1831/32
Bekanntschaft mit Bettina von Arnim.

1833
Tod der Freundin Rahel Varnhagen von Ense.

1834
Veröffentlichung der »Andeutungen über Landschaftsgärtnerei« und »Tutti-Frutti« in fünf Bänden.
Beginn der bis 1840 andauernden Afrika- und Orientreise durch Algerien, Tunesien, Malta, Griechenland, Kreta, Ägypten, das Heilige Land, Libanon, Syrien, Türkei. Rückkehr über Ungarn und Österreich.

1835
Die »Jugend-Wanderungen« und »Semilassos vorletzter Weltgang« erscheinen.

1836
Veröffentlichung von »Semilasso in Afrika«.

1837
Pückler wird von Mehmed Ali Pascha, dem Vizekönig von Ägypten, empfangen. In Kairo kauft er die blutjunge abessinische Sklavin Ajiamé / Machbuba.

1840
Ankunft in Muskau. Tod Machbubas am 27. Oktober.

1842
Im Auftrag von Prinz Wilhelm von Preußen und seiner Frau Augusta beginnt Pückler mit der Gestaltung des Parks Babelsberg.

1844
Veröffentlichung von »Aus Mehemed Alis Reich«.

1845
Pückler verkauft aus Geldnot die Standesherrschaft Muskau an den Prinzen Friedrich von Oranien-Nassau und übersiedelt gemeinsam mit Lucie auf das Erbschloss Branitz. Auf seiner Reise durch Thüringen wirkt er an verschiedenen Parkanlagen mit.

1846
Der erste Band von Pücklers letztem Buch »Die Rückkehr« erscheint. Bahnfahrt über Frankfurt nach Italien und zurück. Arbeiten in Babelsberg.

1847
Pückler beginnt mit der Gestaltung des Landschaftsgartens in Branitz, Gottfried Semper widmet sich den Umbauarbeiten am Schloss.

1848
Diverse Reisen. Arbeiten in Babelsberg, Branitz und Ettersburg.

1850
Tod der Mutter.

1853
Seine Reisen durch Deutschland führen Pückler unter anderem nach Baden, Koblenz, Frankfurt a. M., Eisenach und Weimar.

1854
Pückler reist nach Paris und berät Napoleon III. bei der Neugestaltung des Bois de Boulogne.
Nach dem Tod Lucies auf Branitz begibt sich Pückler auf eine ziellose zweijährige Reise.

1856
Errichtung der Seepyramide (Tumulus) im Parksee des Branitzer Schlossparks.

1858
Tod Karl August Varnhagens von Ense während einer Schachpartie.

1860
Reisen mit seiner Nichte, Gräfin Ida von Seydewitz, innerhalb Deutschlands, in die Schweiz und nach Österreich.

1861
Teilnahme an der Selbstkrönung Wilhelms I. zum König von Preußen in Königsberg.

1862
In Begleitung der Nichte letzte Parisreise. Arbeiten am Branitzer Park. Besuch von König Wilhelm I. in Branitz.

1863
Fertigstellung der Landpyramide in Branitz. Besuch Muskaus auf Einladung des Prinzen von Oranien-Nassau.

1864
Königin Augusta am 25. Juli zu Gast in Branitz.

1865
Verleihung des Großkreuzes des Roten Adlerordens.

1866
Der greise Pückler meldet sich als Freiwilliger zum Deutschen Krieg, verschläft aber die entscheidende Schlacht bei Königgrätz.

1867
Besuch von Ludmilla Assing, Pücklers Biographin, in Branitz. Sichtung der Korrespondenz und des literarischen Materials.

1868
Kur in Bad Wildungen, letzte Reise des Fürsten.

1870

Pückler meldet sich bei Ausbruch des Deutsch-Französischen Kriegs als Freiwilliger, König Wilhelm I. lehnt das Gesuch jedoch ab.

1871

Im Alter von 85 Jahren stirbt Pückler am 4. Februar auf Schloss Branitz. Seine in Säure aufgelösten sterblichen Überreste werden im Tumulus, einer Seepyramide im Branitzer Schlosspark, beigesetzt. Da er keine Kinder hinterlässt, fällt sein Erbe an den Neffen Heinrich Graf von Pückler.

Verwendete Literatur

Bowman, Peter James: Ein Glücksritter. Die englischen Jahre von Fürst Pückler-Muskau, Berlin 2015

Bröhan, Margrit: Die Reise des jungen Pückler durch das »mittägliche Frankreich«, in: Friedrich, Christian/Jacob, Ulf (Hrsg.): »… ein Kind meiner Zeit, ein ächtes, bin ich …« Stand und Perspektiven der Forschung zu Fürst Pückler, Berlin 2010, S. 165–178

Brückner, Leslie: Fürst Pückler und die Orientreisen der französischen Romantiker, in: Friedrich, Christian/Jacob, Ulf/Maillet, Marie-Ange (Hrsg.): Fürst Pückler und Frankreich. Ein bedeutendes Kapitel des deutsch-französischen Kulturtransfers, Berlin 2012, S. 131–146

Clausen, Lars: Fürst Pückler auf dem Höhepunkt der Krise. Eine soziobiographische Erhellung des Landschaftskünstlers, in: Lebenswelt und soziale Probleme. Verhandlungen des 20. Deutschen Soziologentages zu Bremen 1980. Hrsg. im Auftrage der Deutschen Gesellschaft für Soziologie von Joachim Matthes, Frankfurt/New York 1981, S. 383–398

Ehrhard, August: Fürst Pückler. Das abenteuerreiche Leben eines Künstlers und Edelmannes, Berlin 1935

Friedrich, Bernd-Ingo: Hat er? Oder hat er nicht? Fürst Pückler und die Frauen, Spitzkunnersdorf 2010

Heilmeyer, Marina: »Alles Leben endet mit dem Tod, und jeder Tag mit einer Mahlzeit.« Fürstliche Tafelbücher, Pückler-Eiscreme und die königliche Ananas, in: Parkomanie. Die Gartenlandschaften des Fürsten Pückler in Muskau, Babelsberg und Branitz. Hrsg. von der Kunst- und Ausstellungshalle der Bundesrepublik Deutschland, München / London / New York 2016, S. 264–271

Heilmeyer, Marina: »Das beste Diner dessen ich mich seit langem erinnern kann«, in: Augusta von Preußen. Die Königin zu Gast in Branitz. Hrsg. von der Stiftung »Fürst-Pückler-Museum Park und Schloss Branitz«, Cottbus 2017, S. 47–57

Jacob, Ulf: Hermann Fürst von Pückler-Muskau. Ein Künstlerleben, in: Parkomanie. Die Gartenlandschaften des Fürsten Pückler in Muskau, Babelsberg und Branitz. Hrsg. von der Kunst- und Ausstellungshalle der Bundesrepublik Deutschland, München / London / New York 2016, S. 22–39

Jelaffke, Cordula: Fürst Pückler. Biographie, Berlin 1993

Kiesant, Silke: »Märkischer Landjunker« und »Herzog vom Blumenbeet«, in: Augusta von Preußen. Die Königin zu Gast in Branitz. Hrsg. von der Stiftung »Fürst-Pückler-Museum Park und Schloss Branitz«, Cottbus 2017, S. 21–29

Kleßmann, Eckart: Fürst Pückler und die Sklavin Machbuba: Eine west-östliche Liebesgeschichte, Berlin 1998

Laube, Heinrich: Erinnerungen, 2 Bände, Wien 1875–82

Ohff, Heinz: Der grüne Fürst. Das abenteuerliche Leben des Fürsten Pückler-Muskau, München / Zürich 1991

Panning, Cord: »… wer Muskau gesehen, hat mir ins Herz gesehen«. Die Entwicklung des Muskauer Parks von 1815 bis 1945, in: Parkomanie. Die Gartenlandschaften des Fürsten Pückler in Muskau, Babelsberg und Branitz. Hrsg. von der Kunst- und Ausstellungshalle der Bundesrepublik Deutschland, München / London / New York 2016, S. 96–111

Schröder, Katrin: Der »Zauberer«. Pücklers Gartendienste für das preußische Prinzenpaar Wilhelm und Augusta in Babelsberg, in: Parkomanie. Die Gartenlandschaften des Fürsten Pückler in Muskau, Babelsberg und Branitz. Hrsg. von der Kunst- und Ausstellungshalle der Bundesrepublik Deutschland, München / London / New York 2016, S. 172–185

Schröder, Katrin: Pückler. Babelsberg. Der grüne Fürst und die Kaiserin, in: Museumsjournal 2/2017

Streidt, Gert / Wecke, Claudius: »… die grünste der Oasen«, in: Parkomanie. Die Gartenlandschaften des Fürsten Pückler in Muskau, Babelsberg und Branitz.

Hrsg. von der Kunst- und Ausstellungshalle der Bundesrepublik Deutschland, München / London / New York 2016, S. 240–251

Varnhagen von Ense, Karl August: Tagebücher. Hrsg. von Konrad Feilchenfeldt, Frankfurt a. M. 1994

Volker-Saad, Kerstin (Hrsg.): »… so reichlich bevölkert wie im Paradiese«. Hermann Fürst von Pückler-Muskaus abenteuerliche Reise durch Nubien und den Sudan im Jahr 1837. Hrsg. von der Stiftung »Fürst-Pückler-Park Bad Muskau«, Bad Muskau 2018

Volker-Saad, Kerstin: Machbubas Weg nach Muskau, in: Der Tagesspiegel, 27. 12. 2017

Wecke, Claudius: »Es ist dies die Freiheit der Bäume, nach der wir uns ebenfalls so sehr sehnen«. Baumverpflanzung und Baumuniversität à la Pückler, in: Parkomanie. Die Gartenlandschaften des Fürsten Pückler in Muskau, Babelsberg und Branitz. Hrsg. von der Kunst- und Ausstellungshalle der Bundesrepublik Deutschland, München / London / New York 2016, S. 252–259

Werke Pücklers

Briefe eines Verstorbenen, 4 Bände, Stuttgart 1830/31

Andeutungen über Landschaftsgärtnerei, Leipzig 1834

Tutti Frutti, 5 Bände, Stuttgart 1834

Jugend-Wanderungen, Stuttgart 1835

Semilassos vorletzter Weltgang, 3 Bände, Stuttgart 1835

Semilasso in Afrika, 5 Bände, Stuttgart 1836

Der Vorläufer, Stuttgart 1838

Südöstlicher Bildersaal, 3 Bände, Stuttgart 1840/41

Aus Mehemed Alis Reich, 3 Bände, Stuttgart 1844

Die Rückkehr, 3 Bände, Berlin 1846–48

Briefwechsel und Tagebücher des Fürsten Hermann von Pückler-Muskau. Hrsg. von Ludmilla Assing, Berlin 1873–76

Personenregister